DORIS IDING

Der kleine
Achtsamkeits-coach

Durch Achtsamkeit zu **sich selbst finden**

Seite 6

Zaubermittel Achtsamkeit

Seite 16

SELBSTTEST
GRUNDLAGEN
PRAXIS
PROGRAMME

Achtsam sein, das klingt so einfach …

… wenn nur die tägliche Reizüberflutung nicht wäre, der wir durch Handy, Internet & Co. ausgesetzt sind, und die immer höheren Ansprüche, die in Beruf und Privatleben an uns gestellt werden. All das führt dazu, dass wir uns oft gestresst fühlen, unzufrieden mit unserem Leben sind und kaum mehr Zeit und Muße finden, mit uns selbst, unseren Gefühlen und Bedürfnissen in Kontakt zu kommen. Wir funktionieren in dem mittlerweile gewohnten hohen Tempo weiter, weil wir meinen, gar nicht anders zu können. So rauscht das Leben jedoch an uns vorbei. Dieses Buch zeigt Ihnen, wie Sie die Schönheit des Augenblicks wieder wahrnehmen und ein entspannteres, glücklicheres Leben führen können. Schritt für Schritt hilft es Ihnen dabei, sich selbst besser kennenzulernen und zu erkennen, was Sie wirklich brauchen, sodass Sie auf Dauer eine ganz neue, viel gelassenere Perspektive einnehmen werden. Dies alles ist möglich, indem Sie die Achtsamkeit in Ihrem Alltag als feste Größe etablieren. Das bedeutet, dass Sie aufmerksamer und bewusster werden im Umgang mit sich selbst – mit Ihrem Körper, Ihren Gedanken und Gefühlen –, aber auch mit anderen Menschen und dem Leben im Allgemeinen. Achtsamkeit ist die gesteigerte Form von Aufmerksamkeit. Wenn wir achtsam sind, sind wir mit allen Sinnen ganz gegenwärtig bei dem, was wir gerade empfinden, denken oder tun. Es ist die Fähigkeit, sich selbst ohne Wertung oder Kommentar zu beobachten und dadurch eine freundlichere Grundhaltung einzunehmen.

Den ersten Schritt in diese Richtung machen Sie mithilfe eines Tests, bei dem Sie Ihre Denk- und Verhaltensmuster erkennen und erfahren, warum Sie vieles ohne große Aufmerksamkeit erledigen. Im darauffolgenden Kapitel beschäftigen wir uns noch genauer mit den Ursachen der Unachtsamkeit, vor allem jedoch mit ihrem heilsamen Gegengewicht. Im Praxisteil finden Sie viele Übungen, die Ihnen dabei helfen, die gewonnenen Erkenntnisse umzusetzen und in den verschiedensten Bereichen Ihres Lebens Achtsamkeit zu kultivieren. Um alte Denk- und Verhaltensmuster loszulassen und neue Gewohnheiten zu verinnerlichen, ist es allerdings wichtig, dass Sie regelmäßig üben, am besten täglich. Sie werden sehen, es lohnt sich! Durch den bewussten und somit auch liebevolleren, respektvolleren Umgang mit sich selbst gewinnen Sie eine ganz andere Lebensqualität. Sie werden ruhiger, klarer, selbstbestimmter und können viel konstruktiver mit den Herausforderungen des Lebens umgehen. Schwierige Situationen werden Sie als Übungsgelegenheit betrachten und ihnen offen und mit Neugierde begegnen können. Im letzten Kapitel erfahren Sie, was Sie tun können, wenn ein Rückfall in alte Gewohnheiten droht, Sie das Jetzt und Ihre Achtsamkeit aus dem Blick verlieren.

Keine Sorge, jede tiefere Veränderung braucht Zeit und kontinuierliche Wiederholung, damit das Neue zur Gewohnheit werden kann.

Mit Geduld, Entschlossenheit und Neugierde wird es auch Ihnen gelingen, eine achtsame Grundhaltung zu verinnerlichen. Dabei steht Ihnen »der kleine Coach« als Begleiter hilfreich zur Seite. Ich wünsche Ihnen viel Spaß auf diesem neuen Abschnitt Ihres Lebenswegs!

Doris Iding

Durch Achtsamkeit
zu sich selbst finden

Welcher Achtsamkeitstyp sind Sie? Erkennen Sie, wie Sie ticken.

WAHRSCHEINLICH WISSEN SIE SCHON RECHT GUT, wann Sie in Gedanken verloren und daher unachtsam sind. Wenn Sie unvermittelt in der Küche stehen und nicht wissen, was Sie dort wollen, wird Ihnen spätestens klar, dass Sie mit Ihren Gedanken ganz woanders waren. Genauso ergeht es Ihnen, wenn Sie mit Ihrer Freundin telefonieren und nebenbei Ihre E-Mails checken – plötzlich haben Sie den Gesprächsfaden verloren. Doch auch wenn Sie das Gefühl haben, solche Unachtsamkeiten gut zu durchschauen, so hat doch jeder von uns »blinde Flecken«. Das sind ganz bestimmte Denk- und Reaktionsweisen, die unbewusst ablaufen, unser Leben aber gerade deswegen stark beeinflussen. Diese unbewussten Mechanismen führen dazu, dass wir immer wieder unzufrieden mit uns selbst sind, in Stress geraten und uns selbst im Weg stehen. Mit Achtsamkeit kommen wir ihnen auf die Spur, denn achtsam sind wir mit unseren Sinnen ganz gegenwärtig bei dem, was wir gerade empfinden, denken oder tun, und nehmen ohne Bewertung an, was sich zeigt. Der nachfolgende Test hilft Ihnen herauszufinden, warum Sie mit sich und Ihrem Umfeld wenig achtsam sind. Er zeigt Ihnen auch, was Sie in Zukunft tun können, um achtsamer zu werden und ein entspannteres und erfüllteres Leben zu führen.

✓ TEST Erkennen Sie sich selbst

Nehmen Sie zu jeder der folgenden Aussagen Stellung und entscheiden Sie, inwieweit diese auf Sie ganz persönlich zutrifft. Tragen Sie dazu jeweils eine Zahl zwischen 1 und 5 in das entsprechende Feld ein.

5 Punkte: Stimmt genau

4 Punkte: Stimmt weitgehend

3 Punkte: Stimmt ein bisschen

2 Punkte: Stimmt eher nicht

1 Punkt: Stimmt weitgehend nicht

0 Punkte: Stimmt überhaupt nicht

Es gibt nur wenige Menschen, die mir das Wasser reichen können. D

Bei der Arbeit dürfen mir keine Fehler passieren. L

Ich denke häufig: Das Beste ist für mich gerade gut genug. D

Für mich ist es wichtig, dass andere positiv über mich denken. U

Disziplin ist das halbe Leben. L

Lieber ein Schrecken ohne Ende als ein Ende mit Schrecken. T

Selbstzweifel überspiele ich. D

Lieber Probleme unter den Teppich kehren, als eine Trennung zu riskieren. T

Vieles wächst mir über den Kopf, und gleichzeitig gebe ich mein Bestes. L

Ich bin sehr präsent und aufmerksam, wenn es darum geht zu erspüren, was meine Lieben brauchen. U

Lieber den Spatz in der Hand als die Taube auf dem Dach. T

Ich liebe große Auftritte. D

Nur zusammen mit Gleichgesinnten fühle ich mich stark. U

Vertrauen ist gut, Kontrolle ist besser. L

Wenn mich jemand kritisiert, tue ich mich schwer zu überprüfen, ob etwas dran ist. U

Menschen, die ungenau und unordentlich sind, kann ich schlecht respektieren. L

Wenn es um Komplimente für mich geht, höre ich immer ganz genau zu. D

Gefühle zu zeigen und sich eine Blöße zu geben ist peinlich. L

Wenn ich keine Aufmerksamkeit bekomme, fühlt sich mein Leben leer an. D

Veränderungen machen mir erst einmal Angst. T

Kritik trifft mich bis ins Mark. D

In Krisen fällt es mir am leichtesten, präsent und klar bei der Sache zu sein. L

Abschiede fallen mir schwer. T

Es fällt mir schwer, Gewohnheiten aufzugeben, auch wenn mir durchaus bewusst ist, dass sie mir schaden. T

Oft stecke ich bei meinen eigenen Interessen zurück, um nur ja keinen Streit zu provozieren. U

Für Liebe und Anerkennung gebe ich mein letztes Hemd. U

In vertrauten Gefilden fühle ich mich wohl. T

Mit mir selbst gehe ich hart ins Gericht und bin nur kurzfristig zufrieden mit meinen Leistungen. L

Bei zu viel Neuem werde ich vor lauter Nervosität schnell unaufmerksam. T

Ich ärgere mich schnell über mich oder über andere. L

Meine Meinung zu vertreten fällt mir schwer, wenn ich weiß, dass ein anderer sie nicht teilt. U

Tradition ist mir wichtiger als Innovationen. T

Alleine halte ich mich nur schwer aus. D

Ich leiste viel, um zu gefallen. **U**

Stabilität und Verlässlichkeit
haben bei mir höchste Priorität. **T**

Wenn jemand mich nicht mag,
zweifle ich schnell an meinen
Fähigkeiten. **U**

Ich stehe meistens unter Druck.
Stress betrachte ich als etwas,
das zum Leben dazugehört. **L**

Einladungen zu ausgefallenen
Events geben mir das Gefühl,
wichtig zu sein. **D**

Zählen Sie nun Ihre Punkte in den einzelnen Buchstabenkategorien zusammen:

Die Testauswertung

Je höher Ihre Punktzahl in den einzelnen Kategorien ist, desto mehr
entsprechen Sie einem der vier
Typen, die nun vorgestellt werden.
Die Buchstaben stehen für:

D = Typ Diva
L = Der/Die Leistungsorientierte
U = Der/Die Unsichere
T = Der/Die Traditionelle

Typ Diva

Ihr Lebensmotto

Es heißt: »Ich muss immer etwas
Besonderes sein!« Für Sie ist das
Leben eine Bühne, auf der Sie die
Hauptrolle spielen möchten. Vor
diesem Hintergrund suchen Sie
sich Menschen, von denen Sie sich
anerkannt und insgeheim bewundert fühlen, denn nur dann spüren

Sie sich wirklich. Wenn Sie ehrlich sind, möchten Sie die meisten Ihrer Mitmenschen in irgendeiner Form übertreffen, denn dann würden Sie sich selbst mehr aufwerten und sicherer fühlen.

Ihren Alltag und Ihre Arbeit gestalten und erledigen Sie ohne größere Schwierigkeiten. In den Momenten, in denen Sie nicht auf der Bühne stehen, etwa abends alleine im Bett oder morgens im Bad, können Sie jedoch von Gefühlen innerer Leere, Einsamkeit und Unzufriedenheit überrollt werden. Dann empfinden Sie starke Selbstzweifel und glauben, Sie seien nicht attraktiv, klug oder erfolgreich genug. Doch ganz schnell schieben Sie diese unangenehmen Gefühle mit dem Gedanken beiseite: »Toll, heute Abend ist meine Vernissage.« Oder: »Fein, morgen ist die Party bei Klaus!«

Ihre Stärken

Durch Ihr Charisma gelingt es Ihnen, andere in Ihren Bann zu ziehen, und besonders in geschäft-lichen Belangen ist auf Sie wirklich hundertprozentig Verlass.

Ihr Gewinn durch Achtsamkeit mit sich selbst

Sie erhalten einen anderen Blick auf Ihr Inneres. Sie lernen sich besser kennen und sich mit Ihren kleinen Fehlern oder Schwächen akzeptieren, sodass Sie sich auch einmal selbst genug sein können und nicht mehr immerzu die Bewunderung im Außen suchen müssen.

Ihr Gewinn durch Achtsamkeit mit anderen

Sie erkennen, dass Menschen nicht aus der Masse herausragen müssen, um wertvoll und interessant zu sein. Jeder ist auf seine Weise einzigartig, und in diesem Bewusstsein kann eine Begegnung mit anderen sehr erfüllend sein.

Eine Übersicht von Achtsamkeits-übungen, die für Ihren Typ besonders hilfreich sind, finden Sie auf Seite 113.

Der/Die Leistungsorientierte

Ihr Lebensmotto

Es heißt: »Nur wenn ich etwas leiste, habe ich eine Daseinsberechtigung!« Diese Einstellung führt dazu, dass Sie sehr hohe Ansprüche an sich selbst und an andere stellen. Im Alltag funktionieren Sie perfekt, sind diszipliniert und erreichen die Ziele, die man von Ihnen verlangt und die Sie sich selbst setzen, mit Bravour. Dem Zufall möchten Sie so wenig wie möglich überlassen. Der Preis für diese ehrgeizige und kontrollierende Haltung ist, dass Sie den Blick für die Wunder des Lebens verlieren. Dadurch empfinden Sie früher oder später Langeweile und Leere – etwas, das Sie sich überhaupt nicht erklären können, da in Ihrem Alltag eigentlich alles bestens funktioniert.

Ihre Stärken

Ihre moralische Einstellung ist bewundernswert und Ihre Leistung 1a. Sogar in Krisen bewahren Sie einen klaren Kopf.

Ihr Gewinn durch Achtsamkeit mit sich selbst

Sie erkennen, dass Sie nicht alles und jedes in Ihrem Leben kontrollieren müssen, Sie lernen loszulassen und die bunte Fülle des Lebens sowie die eigenen Bedürfnisse wahrzunehmen. Dadurch werden Sie sich endlich guten Gewissens Mußezeiten zugestehen und es genießen können, einmal nicht funktionieren zu müssen.

Ihr Gewinn durch Achtsamkeit mit anderen

Es gelingt Ihnen auf Dauer immer besser, andere Menschen als Individuen zu betrachten, die eigene

> *»Achtsamkeit strebt nichts an. Sie sieht einfach, was bereits da ist.«* Mahathera Gunaratana

Gedanken und Gefühle haben, und Sie reduzieren sie immer weniger ausschließlich auf ihren Beruf oder die Stellung, die sie bekleiden.

Eine Übersicht von Achtsamkeitsübungen, die für Ihren Typ besonders hilfreich sind, finden Sie auf Seite 115.

Der/Die Unsichere

Ihr Lebensmotto

Es heißt: »Erst wenn meine Mitmenschen mich anerkennen, bin ich liebenswert!« Sie sind sehr abhängig davon, von anderen Menschen gemocht oder geschätzt zu werden. Dadurch sind Sie beruflich zu enormen Leistungen fähig, und in Ihren intimen Beziehungen sind Sie bereit, alles dafür zu tun, um eine liebevolle und tiefe Beziehung zu pflegen. Harmonie ist Ihnen sowohl in Ihrer Partnerschaft als auch am Arbeitsplatz sehr wichtig, da Sie Missstimmung nur ganz schlecht oder gar nicht aushalten. Wenn jemand Sie kritisiert, fühlen Sie sich gleich in Ihrer ganzen Person in Frage gestellt und sind am Boden zerstört. Dementsprechend schwer tun Sie sich auch, Ihre Meinung zu vertreten, vor allem wenn Sie Gefahr laufen, dadurch Sympathien zu verlieren. Meist ist Ihnen nicht bewusst, dass Sie vor lauter Gemochtwerden-wollen sehr häufig über Ihre eigenen Bedürfnisse hinweggehen und Ihre wahren Gefühle sich selbst und anderen gegenüber unterdrücken. Das kann immer wieder mal zu heftigen jähzornigen Ausbrüchen oder zu depressiven Verstimmungen führen.

Ihre Stärken

Sie sind wie ein wandelndes Röntgengerät und können sich sehr gut in Ihre Mitmenschen und deren Bedürfnisse hineinversetzen. Sie sind anderen gegenüber sehr aufmerksam und fürsorglich und haben große Freude daran, die Menschen in Ihrem Umfeld glücklich zu machen.

Ihr Gewinn durch Achtsamkeit mit sich selbst

Sie bekommen mehr Zugang zu Ihren eigenen Körperempfindungen, Gedanken und Gefühlen – und dadurch zu Ihren Bedürfnissen. So erkennen Sie Ihre Grenzen besser und können selbstbestimmter handeln, statt sich dauernd nach anderen zu richten. Das ist auch die beste Burnout-Prophylaxe!

Ihr Gewinn durch Achtsamkeit mit anderen

Sie entwickeln innere Stärke und daraus resultierend den Mut, Diskussionen und Streitgespräche besser auszuhalten. So können Sie für sich selbst und Ihre Meinung einstehen und lernen auf diese Weise, dass Sie auch dann noch respektiert und geliebt werden, wenn Ihr Gegenüber andere Ansichten vertritt.

Eine Übersicht von Achtsamkeitsübungen, die für Ihren Typ besonders hilfreich sind, finden Sie auf Seite 117.

Der/Die Traditionelle

Ihr Lebensmotto

Es heißt: »Es soll alles so bleiben, wie es ist!« Am liebsten ist es Ihnen, wenn das Leben in den gewohnten Bahnen bleibt. Mit Veränderungen tun Sie sich schwer, weil Sie nicht wissen, was auf Sie zukommt. Sie träumen zwar manchmal davon, die Welt zu bereisen oder sogar in einer anderen Stadt zu leben, haben aber viel zu große Angst vor dem Unbekannten. Deshalb fahren Sie lieber Ihr Leben lang in denselben vertrauten Urlaubsort und bleiben in Ihrer gewohnten Umgebung wohnen. Dieselbe Angst vor Veränderung zeigt sich auch in Ihren Beziehungen. Selbst wenn es schon recht offensichtlich ist, dass eine Partnerschaft Ihnen nicht wirklich guttut, halten Sie daran fest, weil Sie Angst vor dem Alleinsein und dem Neuen haben. Unverbindlichen Zeitgenossen gehen Sie eher aus dem Weg, da Verlässlichkeit ein wichtiger Grundsatz für Sie ist.

Streitgespräche stellen für Sie eine echte Herausforderung dar, von der Sie sich schnell überfordert fühlen. Denn Sie haben nicht gelernt, in der Kommunikation mit anderen für Ihre Bedürfnisse einzustehen, obwohl Sie diese in Ihrem Inneren recht gut kennen.

Ihre Stärken

Sie sind eine gute Freundin, auf die man sich in Notzeiten hundertprozentig verlassen kann. Auch am Arbeitsplatz und in Liebesbeziehungen zeigen Sie diese bedingungslose Zuverlässigkeit und Treue.

Ihr Gewinn durch Achtsamkeit mit sich selbst

Sie erfahren, dass jeder Moment einzigartig ist. Wenn Sie Ihren Ängsten ins Auge schauen, dann erkennen Sie, dass viele davon unbegründet sind. Sie werden daran reifen, wenn Sie lernen, eigenständig Entscheidungen zu treffen, auch wenn deren Auswirkungen manchmal schmerzhaft sind.

Ihr Gewinn durch Achtsamkeit mit anderen

Sie werden offener und lernen, das Unbekannte (Glück) dem Bekannten (Unglück) vorzuziehen.

Eine Übersicht von Achtsamkeitsübungen, die für Ihren Typ besonders hilfreich sind, finden Sie auf Seite 118.

Haben Sie sich erkannt?

Reine Typzuschreibungen sind relativ selten. Vermutlich haben Sie typische Denkstrukturen und Verhaltensweisen in mehr als einem Profil erkannt. Und genau darum geht es: die Muster zu erkennen, die uns blockieren und an einem glücklicheren Leben hindern. Denn das gibt uns die Chance, diese in Zukunft zu verändern. Wie das geht, erfahren Sie im Praxisteil ab Seite 40. Im folgenden Kapitel erfahren Sie mehr über die Kraft der Achtsamkeit und wie Sie diese in Ihrem Leben etablieren.

Zaubermittel
Achtsamkeit

Achtsam sein heißt aufzuwachen

IM LETZTEN KAPITEL HABEN SIE DURCH DEN TEST HERAUSGEFUNDEN, warum Sie sich häufig selbst im Weg stehen und wie viel mehr Lebenskraft und Freude Sie durch Achtsamkeit gewinnen könnten. In diesem Kapitel erfahren Sie mehr darüber, welche negativen Auswirkungen besonders der Faktor Stress auf unser Achtsamkeitsvermögen hat. **Sie lernen, Ihre persönlichen Stressmuster zu verstehen,** und erfahren, wie Sie diese durch jahrtausendealte Achtsamkeitspraktiken und moderne Achtsamkeitsübungen effektiv und langfristig verändern können. **Außerdem lernen Sie vier innere Haltungen kennen, die die Grundlage der Achtsamkeit darstellen.** Diese zu entwickeln und zu verinnerlichen ist ein Prozess, bei dem es darum geht, unseren eingefahrenen Denk- und Handlungsstrukturen auf die Spur zu kommen, damit wir schließlich jeden einzelnen Moment bewusst und nicht urteilend wahrnehmen können, mit allem, was er beinhaltet. So werden Sie inmitten der vielfältigen Herausforderungen des Alltags die eigene Mitte nicht mehr verlieren und innere Ruhe bewahren.

Mit Achtsamkeit das Leben bereichern

Achtsamkeit ist ein Lebensprinzip, eine geistige Ausrichtung und ein praktischer Wegweiser. Sie ist eine besondere Kraft, die unser Bewusstsein weckt, es erweitert, vertieft und stärkt. Sie hilft uns dabei, ganz bewusst im Hier und Jetzt zu sein und unsere eigenen Empfindungen und Befindlichkeiten sowie unsere Gewohnheiten im Alltag ins Visier zu nehmen. Das ist ein ganz anderer Ansatz als gewohnt, denn normalerweise leben wir meist so, als hätten wir einen Autopiloten eingeschaltet: Wir fahren mit dem Auto zur Arbeit, sind aber die ganze Zeit noch in Gedanken bei dem dummen Streit, den wir beim Frühstück mit unserem Partner hatten. Wir laufen von der U-Bahn-Station zum Büro, sind aber im Geist schon längst in der Sitzung, die erst drei Stunden später stattfinden wird. Wie oft sind wir mit unseren Gedanken in der Vergangenheit oder in der Zukunft statt im gegenwärtigen Augenblick! Wir grübeln darüber nach, was wir hätten anders machen sollen, oder malen uns aus, was alles schiefgehen könnte. Manchmal setzen wir aber auch all unsere Hoffnung auf das, was kommen wird, und stellen uns vor, wie glücklich wir sein werden, wenn wir endlich mehr Geld verdienen, unser Wunschgewicht wieder haben, unser Kind aus dem Gröbsten raus ist … So verpassen wir aus vielerlei Gründen die zahlreichen schönen Momente, die sich uns in der Gegenwart bieten.

Stress lass nach

Hinzu kommt, dass unser Leben von Zeitmangel und immer rasanteren Veränderungen in den meisten Lebensbereichen gekennzeichnet ist. Viele Menschen können sich dem Sog des »Immer schneller, immer besser« nicht entziehen. Sie fühlen sich bei dem Versuch, mit den zunehmenden Anforderungen klarzukommen, überfordert und geraten in Stress. Dadurch verlieren Sie den Kontakt zu sich selbst und zu den Menschen, die Ihnen wichtig sind. Stress, der die unterschiedlichsten Ursachen haben kann (siehe Seite 21), hat besonders fatale Auswirkungen, wenn wir ihm über einen längeren Zeitraum hinweg ausgesetzt sind. Damit ist er ein zentraler Faktor, wenn es um mangelnde Achtsamkeit geht.

Früher überlebenswichtig

Seit Jahrtausenden reagiert unser Organismus auf extremen Druck mit derselben Reaktion: Er schüttet Stresshormone aus, die Körper und Geist sämtliche Energiereserven mobilisieren lassen und dafür sorgen, dass wir in Sekundenschnelle zu Flucht oder Kampf bereit sind. In dunkler Vorzeit half das den Menschen beim Überleben, denn wenn ein Feind – egal ob Mensch oder Tier – vor ihnen stand, gab es nur die Alternative, zu flüchten oder zu kämpfen. Heute sind unsere Möglichkeiten zwar um einiges differenzierter, aber unser Organismus hat sich dieser Entwicklung nicht angepasst. Er reagiert immer noch auf die gleiche Weise wie vor Jahrtausenden, in dem er alles, was in einer Stresssituation nicht überlebensnotwendig ist, herunterfährt, wie zum Beispiel die Sexualfunktionen oder die Verdauung. Außerdem konzentriert er unser Denken sowie unser Fühlen aufs Überleben und schränkt beides entsprechend ein. Alles, was Energie liefert, wird dagegen aktiviert. Dadurch steigen Herzfrequenz und Blutdruck, die Pupillen verengen sich, und die Muskelspannung nimmt zu.
War für unsere Vorfahren die Gefahr gebannt, regulierten sich auch

»*Ein Leben ohne Achtsamkeit heißt zu leben, als seien wir bereits gestorben.*« Sharon Salzberg

rasch wieder alle Funktionen in Körper und Geist. Heute ist es jedoch kaum möglich, in einer Stresssituation die Flucht zu ergreifen oder gar mit Kampf zu reagieren. Entsprechend schwieriger ist es für uns, die angestaute Anspannung wieder abzubauen.

Stress heute

Wenn wir zum Beispiel nicht durch regelmäßige Bewegung oder gezielte Erholungsphasen einen Ausgleich schaffen, können sich die Stressreaktionen langfristig physisch und psychisch festsetzen. Das kann sich körperlich in Stoffwechsel-, Verdauungs- oder Schlafstörungen sowie in Muskelverspannungen zeigen. Psychisch kann sich ein Gefühl der inneren Anspannung breitmachen, das schlimmstenfalls in Burnout oder Depressionen mündet.

Oft sind es gar nicht die außergewöhnlichen Situationen, die uns stressen. Es sind vielmehr die immer wiederkehrenden, alltägli-chen Verpflichtungen und Aufgaben, die an unseren Nerven zerren und dazu führen, dass wir immer unachtsamer werden.

Denn Voraussetzung für Achtsamkeit ist ein gewisses Maß an innerer Ruhe und die Fähigkeit, immer wieder mal aus dem Strudel der Ereignisse auszusteigen. Die täglichen Stressauslöser wirken da wie Sand im Getriebe. Jeder für sich gesehen ist gar nicht so tragisch, aber werden sie nicht als solche wahrgenommen, können sie im Laufe der Zeit zu größeren Hindernissen werden – Runterkommen und Abschalten sind dann kaum mehr möglich. An besonders anstrengenden Tagen kann das wiederholte Nörgeln unseres Kindes oder das Handyklingeln unseres Sitznachbarn in der U-Bahn zum Stressauslöser werden. Wir haben dann ganz plötzlich das Gefühl, dass uns die Dinge unerträglich über den Kopf wachsen, und deshalb rasten wir vielleicht von einer Sekunde auf die nächste aus.

⌘ Info: Ursachen von Stress

Stress kann viele unterschiedliche Ursachen haben. Es müssen gar keine dramatischen Umstände wie extreme Überlastung, Mobbing, Scheidung oder Tod eines nahestehenden Menschen sein. Auch negative Denkmuster und hinderliche Einstellungen können uns das Leben schwer machen: Das Gefühl, nicht genug Anerkennung zu erhalten, Zweifel, ob der Partner uns noch liebt, Unzufriedenheit mit dem eigenen Aussehen, Angst, nicht zu genügen (siehe Test im ersten Kapitel), sowie zahlreiche weitere Dinge, die von zweifelnden, negativen Gedanken genährt werden, setzen uns unter Druck (siehe zur Macht der Gedanken auch Seite 52).

Erkennen und innehalten

Eine gute Möglichkeit, um Stressreaktionen aktiv zu beenden, ist tief ein- und auszuatmen. Wenn wir uns auf diese Weise entspannen, vermitteln wir dem Körper das Gefühl, in Sicherheit zu sein. Dadurch wird der Parasympathikus aktiviert, die Atmung wird ruhiger, die Muskulatur entkrampft sich, und der ganze Organismus kann regenerieren. Erst dann kommen wir langsam wieder zur Ruhe.

Schritt für Schritt

Allerdings ist durchaus ein wenig Übung nötig, bis wir dieses Hilfsmittel dann einsetzen können, wenn wir es am nötigsten brauchen. Denn oftmals nehmen wir gar nicht wahr, was gerade in uns vorgeht, und gehen einfach darüber hinweg. Durch regelmäßige Achtsamkeitsübungen lernen wir, bewusst innezuhalten und uns darüber klar zu werden, welche Gefühle und Gedanken gerade in uns wüten oder an uns nagen. Das heißt, der

∽ Info: Warum leiden wir?

Unsere Gefühle und alle daraus entstehenden Verstrickungen wie Stress und Streit entstehen dadurch, dass wir alles, was uns begegnet, automatisch bewerten: Alles, was uns unangenehm erscheint und wir deshalb nicht haben wollen, ruft in uns Protest hervor. Alles, was uns angenehm ist, sehnen wir herbei, wollen mehr davon haben, auch wenn es uns langfristig vielleicht gar nicht gut tut (siehe auch Seite 25).

Mithilfe von Achtsamkeit lernen wir, die Dinge so zu akzeptieren, wie sie sind. Akzeptieren heißt nicht, dass Sie Ihre momentanen Gefühle gut finden müssen. Es geht nur darum, sie so anzunehmen, wie sie sich gerade zeigen – und nicht dagegen anzukämpfen, was die Lage ohnehin nur verschlimmert.

erste Schritt in die richtige Richtung besteht darin, dass wir uns die Zeit nehmen zu erspüren, was gerade wirklich in uns los ist. Und der nächste Schritt, die gewonnene Erkenntnis so wohlwollend wie möglich anzunehmen.

Denn sobald wir uns darüber ärgern, dass wir jetzt zum Beispiel Wut, Neid oder Ungeduld empfinden, unsere Gefühle also ablehnen, bauen wir ein Feindbild auf, auf das unser Organismus wie eingangs beschrieben reagiert: Er kann gar nicht anders, als uns in Stress zu versetzen, das ist schließlich seine Aufgabe, sobald ein Feind auftaucht. So kommt es zu all den unangenehmen Nebenwirkungen – und wir geraten nur noch tiefer in den Schlamassel. Doch wo es kein Feindbild gibt, da muss unser Körper gar nicht mit dem Verteidigungsmodus reagieren.

Innehalten? Gar nicht so einfach!

Durch Internet, Mobiltelefonie und die damit einhergehende ständige Erreichbarkeit ist es mittlerweile für viele Chefs eine Selbstverständlichkeit, ihre Mitarbeiter spätabends, am Wochenende oder sogar im Urlaub zu erreichen. Die Grenzen zwischen Arbeit und Freizeit lösen sich bei vielen Menschen immer mehr auf. Und selbst in der Frühstücks- oder Mittagspause surfen, simsen, twittern, skypen und downloaden wir, was zur gedanklichen Zerstreuung beiträgt.

Diese schlechten Angewohnheiten führen immer häufiger dazu, dass wir über sämtliche Signale und Warnzeichen wie beispielsweise Schlafstörungen und Spannungskopfschmerz oder Dauerärger mit dem Partner oder den Kollegen einfach hinweggehen.

Dabei ist es ganz egal, ob die Warnsignale vom eigenen Körper ausgesandt werden oder aus unserem Umfeld kommen.

Ängste hemmen uns

Auf jede Anspannung muss eine Phase der Entspannung folgen, damit Körper und Geist sich erholen können. Für viele Menschen ist so eine angemessene Erholungsphase aber kaum mehr gegeben, denn sich innerhalb der Familie oder im Beruf Freiräume zu verschaffen ist gar nicht so einfach. Wir haben es so verinnerlicht zu funktionieren, dass die Vorstellung, eine Auszeit zu nehmen, fast immer mit Ängsten verbunden ist: »Meine jüngere Kollegin ist gerade wieder Single und hat keine Probleme, mehr Arbeit zu übernehmen – wenn ich jetzt meine Überstunden abbaue, vertraut meine Chefin ihr nächstes Mal vielleicht die interessanteren Projekte an.« Oder: »Mein Partner schafft es selbst kaum mehr, mit seinen Freunden Sport zu treiben. Wenn ich ihn jetzt bitte, dass er zweimal die Woche abends die Kinder ins Bett bringt, weil ich einen Yogakurs besuchen möchte, gibt es garantiert Riesenärger.« Oft sind es bewusste, manchmal auch unbewusste Ängste, die uns davon abhalten, endlich innezuhalten und aktiv zumindest einmal kleinere Auszeiten zu nehmen. Die Liste unserer Ängste ist lang, vielleicht haben Sie ja auch

- Angst, vielleicht noch mehr Zeit zu verlieren?
- Angst vor dem totalen Kollaps, wenn Sie der Erschöpfung einmal so richtig nachgeben?
- Angst vor Verlust von Arbeit, Freunden oder Prestige?
- Angst vor der unbequemen Erkenntnis, dass es so nicht weitergehen kann und Sie tatsächlich etwas ändern müssen?

Ein neues Ziel

Viele Menschen sind nicht einmal in der Lage, fünf Minuten am Tag nichts zu tun. Kommen sie doch endlich einmal zur Ruhe, nicken sie schon nach ein paar Minuten vor Erschöpfung ein. Vermutlich geht es Ihnen ähnlich, denn sonst würden Sie den kleinen Coach wohl jetzt nicht in der Hand halten. Wahrscheinlich spüren Sie intuitiv, dass Sie wieder verstärkt im gegenwärtigen Moment ankommen und Ihrem Leben mehr Sinn und Intensität geben wollen. Genau das ist das Ziel der Achtsamkeit: immer weniger zu funktionieren, immer bewusster, entspannter zu werden und wieder mehr Freude am Leben zu empfinden.

Doch wie gelingt es Ihnen nun konkret, im Alltag achtsamer zu werden? Wie können Sie lernen, Ihre Ängste zu überwinden, sinnvollere Strategien für Ihr Leben zu entwickeln und neue, heilsamere Wege zu beschreiten? Eine ganz ausgezeichnete Möglichkeit bietet Ihnen hier die Achtsamkeitspraxis.

> *»Der größte Feind der Ruhe ist der Druck, unter den wir uns setzen.«* Anselm Grün

Die Achtsamkeitspraxis

Buddha lehrte schon vor 2500 Jahren, dass wir deshalb innerlich in Stress geraten und leiden, weil wir einerseits ständig auf der Suche nach angenehmen Erfahrungen sind und andererseits das Unangenehme vermeiden und verdrängen. Habenwollen und Widerwille sind zwei mächtige Kräfte, die sich, tief in unserem Unterbewusstsein verborgen, in alles mischen, was wir erleben. Starrsinn, Neid, Böswilligkeit, Verschlossenheit und Vorurteile sind typische Ausdrucksformen der Ablehnung. Unruhe, Unzufriedenheit, Untreue und Konsumsucht sind typische Ausdrucksformen des Wollens.

In Buddhas Lehren geht es darum, Verhaltensmuster, die Leiden hervorrufen – also zum Beispiel alle oben beschriebenen –, zuerst einmal bewusst wahrzunehmen, um sie dann verändern oder loslassen zu können. Je höher unsere Erwartungen an uns selbst und unsere Umwelt sind, je mehr wir an Vorstellungen festhalten, wie alles sein sollte, umso stärker leiden wir. Wenn es uns jedoch gelingt, das Habenwollen wie die Ablehnung loszulassen und die Dinge so zu akzeptieren, wie sie sind, eröffnen sich ganz neue Möglichkeiten in unserem Leben.

Die Methode, die Ihnen bei Ihrem Vorhaben helfen soll, jeden Augenblick bewusst und nicht urteilend zu leben, ist die Achtsamkeitspraxis.

Buddhistische Ursprünge

In den ältesten Formen des Buddhismus spielte Achtsamkeit bereits eine zentrale Rolle. Im frühbuddhistischen Pali-Kanon ist die Achtsamkeit (sati) eine Hauptlehre, die vor allen Dingen in zwei großen Achtsamkeitsreden behandelt wird: dem Satipatthana-Sutta und dem Anapanasati-Sutta. Sie behandeln die vier »Vergegenwärtigungen der Achtsamkeit« und das »Bewusste

Ein- und Ausatmen«. Ihr Ziel ist es, durch systematische Übungen Achtsamkeit zu entwickeln.

Die Vipassanâ-Meditation, eine weitere Form der Achtsamkeitspraxis, wird frei mit Einsichtsmeditation übersetzt. Ihre Wurzeln gehen ebenfalls auf die Achtsamkeitsreden des Buddha im Pali-Kanon zurück. Seit etwa 1970 kennt man diese Meditationsform auch im Westen, da sie besonders durch amerikanische Lehrer wie Jack Kornfield und Sharon Salzberg verbreitet wurde. Mit ihrer Hilfe lernt man systematisch Körperempfindungen, Gefühle und Gedanken wahrzunehmen und zu erforschen (siehe auch ab Seite 51).

Meditation als Basis

Die Meditation wird als Herzstück der Achtsamkeitspraxis angesehen. Die formelle Sitz- oder Gehmeditation, für die wir uns eine begrenzte Zeit lang aus dem Alltag zurückziehen, wird als Basis und Vorbereitung betrachtet, um alltägliche Handlungen mit einer höheren Achtsamkeit ausführen zu können. In der Meditation wird geübt, Situationen nicht mehr automatisch in »mag ich« oder »mag ich nicht« einzuteilen. Denn durch diese innere Bewertung ergeben sich gedankliche Kettenreaktionen und werden Dramen aufgebaut, die Stress und Probleme nähren (siehe auch ab Seite 52). Dazu müssen wir aber erst einmal lernen, zu erkennen, dass wir wertende Gedanken haben – die sowohl positiv als auch negativ sein können – und wie wir gefühlsmäßig darauf reagieren.

Präsent im Augenblick

Wir üben also, die Gefühle und Gedanken, die beim Meditieren auftauchen, wertfrei wahrzunehmen – um sie dann möglichst gleich wieder loszulassen. Üblicherweise geschieht das, indem man den Atem als Anker nimmt und die Aufmerksamkeit immer wieder auf ihn sammelt. So üben wir, mit unserer Aufmerksamkeit von Augenblick zu Augenblick bei nur einer Aufgabe zu verweilen. Allerdings gelingt das nicht von heute auf morgen, weil unser Geist es nicht gewohnt ist, entspannt bei einer Sache zu bleiben. Probieren Sie hier einfach einmal die folgende Übung aus, um einen Eindruck davon zu bekommen, was Achtsamkeitsmeditation sein kann. Sie dauert nur 5 Minuten und lässt sich sicher gut im Alltag einbauen.

Wertfrei wahrnehmen

Wenn wir eine intensivere Beziehung zu unserem Atem entwickelt haben und in der Lage sind, uns länger auf ihn zu konzentrieren, dann üben wir, unsere Körperempfindungen, Gefühle und Gedanken wertfrei wahrzunehmen und uns nicht mehr mit ihnen zu identifizieren. Wenn wir bemerken, dass wir zum Beispiel denken: »Ich bin so sauer auf meinen Freund. Nie geht er abends mit mir aus – ich

Übung: Den Atem erforschen

Wählen Sie eine Sitzhaltung, in der Sie bequem verweilen können, ohne sich zu bewegen. Schließen Sie Ihre Augen und konzentrieren Sie sich darauf, Ihre Atmung beim folgenden Atemzug in ihrer vollen Länge zu fühlen. Atmen Sie ganz bewusst ein und dann ganz bewusst wieder aus. Stellen Sie sich dabei folgende Fragen:

- Wie fühlt sich mein Atem an?
- Wo spüre ich die Bewegung der Einatmung?
- Wo spüre ich die Bewegung der Ausatmung?
- Wie fühlt es sich an, wenn ich die Atmung sanft vertiefe?
- Wo genau in meinem Körper erlebe ich den Atem als Entspannung?

bin ihm einfach nicht wichtig genug! Früher saß er nicht nur vorm Computer. Wahrscheinlich liebt er mich gar nicht mehr …« und so ein Drama aufbauen, nehmen wir diese Gedankenkette rechtzeitig wahr und realisieren: »Wut zieht durch mich hindurch.« Danach kehren wir wieder mit unserer Aufmerksamkeit zum Atem zurück. Wieder und wieder üben wir dieses Zurückkommen zum Atem, und sobald Gedanken und Gefühle auftauchen, versuchen wir, sie achtsam und wertfrei wahrzunehmen. Wir geben acht, uns möglichst nicht mit ihnen zu identifizieren, sondern sie ziehen zu lassen (siehe Praxiskapitel ab Seite 43).

Zeitgenössische Achtsamkeitslehrer

Der vietnamesische Mönch, Schriftsteller und Lyriker Thich Nhat Hanh, der wie kein anderer vor ihm die buddhistische Achtsamkeitspraxis kultivierte, gilt neben dem Dalai Lama als einer der profiliertesten zeitgenössischen buddhistischen Lehrer. Thich Nhat Hanh betont immer wieder, dass nur eine regelmäßige Meditationspraxis sowie die Schulung der Achtsamkeit im Alltag zu tiefer spiritueller Reife und innerer Zufriedenheit führen können. Dabei zieht er keine Trennlinie zwischen formellen Meditations-

> *»Wie ein Anker ein Boot vor dem Abdriften bewahrt, sorgt die bewusste Atmung dafür, dass wir uns auf den Moment konzentrieren und unser wahres Selbst nicht aus den Augen verlieren.«*
>
> Thich Nhat Hanh

formen und der Achtsamkeitspraxis im Alltag. Es geht ihm vielmehr darum, dass wir uns immer umfassender auf das konzentrieren, was wir gerade tun.

Verschmelzung von Meditation und Alltagsachtsamkeit

Sämtliche Alltagsaktivitäten, besonders solche, die regelmäßig wiederholt werden, wie Zähne putzen, duschen, frühstücken oder Staub wischen, können zur Achtsamkeitsübung werden. Denn gerade bei den täglichen Routinehandlungen, die uns in Fleisch und Blut übergegangen sind, sind wir gedanklich meist ganz woanders und bekommen gar nicht mehr mit, was wir gerade tun. Wichtig ist, den bewussten Atem, auf den wir uns in der Meditation konzentrieren, in den Alltag zu integrieren, weil dies das beste Mittel ist, um inmitten all unserer täglichen Aktivitäten einen Anker zu finden und auf diese Weise wach und präsent zu bleiben (siehe auch ab Seite 40).

Achtsamkeit in der Medizin

Wie sehr es sich lohnt, Achtsamkeit im Alltag zu etablieren, wurde in den letzten Jahren sogar intensiv von Seiten der Wissenschaft erforscht. Ihre positiven Auswirkungen auf die körperliche Gesundheit und das geistige Wohlbefinden wurden in zahlreichen Studien wissenschaftlich nachgewiesen.

Einen wesentlichen Beitrag hierzu hat der Amerikaner Prof. Dr. Jon Kabat-Zinn geleistet. Kabat-Zinn, Begründer und Direktor der Stress Reduction Clinic an der Universität von Massachusetts, entwickelte die sogenannte »Mindfulness Based Stress Reduction«, kurz: MBSR. Übersetzt heißt das »Stressbewältigung durch Achtsamkeit«. Hierbei handelt es sich um eine Selbsthilfemethode, bei der die möglichst tägliche Praxis verschiedener Achtsamkeitsübungen eine wichtige Rolle spielt.

Als Basis diente Kabat-Zinn die Verhaltensmedizin. Sie sieht den Menschen als eine untrennbare

Einheit, bestehend aus Körper, Geist und Umwelt, die sich stets gegenseitig beeinflussen.

Einheit von Körper & Geist

Ein körperliches Symptom kann ein Ungleichgewicht im sozialen und/oder psychischen Lebensbereich widerspiegeln. Aber auch unsere Denk- und Verhaltensmuster, unsere persönlichen Einstellungen uns und dem Leben gegenüber beeinflussen uns in unserem Denken und Handeln. Infolgedessen haben wir selbst einen größeren Einfluss auf unser eigenes Wohlbefinden und unsere persönliche Gesundheit, als uns bewusst ist. Diesen medizinischen Ansatz verknüpfte Kabat-Zinn mit Techniken aus der Vipassanâ-Meditation und der Yogapraxis und entwickelte daraus ein spezielles achtwöchiges MBSR-Programm, das seit 30 Jahren sehr erfolgreich ist. Auch in Deutschland interessieren sich immer mehr Ärzte und Therapeuten für die Integration der Achtsamkeit in ihre

Arbeit, weil ihre heilsame Wirkung sowohl im präventiven Bereich als auch bei zahlreichen Erkrankungen nicht mehr zu übersehen ist. Nach Kabat-Zinn sollten wir uns die Achtsamkeit als eine Art des Seins vorstellen und weniger als eine Technik. Letztendlich geht es auch ihm darum, die formelle Praxis so in den Alltag zu integrieren, dass wir immer achtsamer sind und die Dinge ihrer selbst wegen tun, anstatt uns vom täglichen Stress aus der Bahn werfen zu lassen.

Den Geist beruhigen

Wenn Sie regelmäßig Achtsamkeit praktizieren, werden Sie die wertvolle Erfahrung machen, dass sich Ihr Geist immer schneller beruhigt. Der Geist wird im Buddhismus und in anderen spirituellen Traditionen auch gern mit einem jungen Hund verglichen, der auf alles reagiert und mit allem spielen möchte. Deshalb lernen Sie mithilfe der Übungen im Praxiskapitel Ihren

Geist genauso zu erziehen wie einen kleinen Welpen, der nicht weglaufen und Chaos anrichten, sondern auf Sie hören soll.

Grundhaltungen der Achtsamkeitspraxis

Je häufiger Sie Ihre ganze Aufmerksamkeit auf den gegenwärtigen Moment lenken, desto tiefer werden Sie mit sich selbst in Kontakt kommen: mit Ihren Potenzialen und Ihrer Einzigartigkeit. Um dieses Wunder zu erleben, steht Ihnen nicht viel im Weg. Einzig und allein Ihre Gewohnheiten halten Sie davon ab. Sie sorgen dafür, dass Sie bis jetzt vieles im Leben automatisch gemacht haben und auch in Zukunft immer wieder machen werden. Dies gilt übrigens nicht nur für äußere Vorgänge wie gedanken-

verloren zur Arbeit zu fahren, sondern die meisten unserer Gefühls-, Gedanken- und Handlungsmuster unterliegen bestimmten Automatismen, genauer gesagt sind 95 Prozent davon immer dieselben.

Durch Achtsamkeit Gewohnheiten verändern

Aber Veränderungen sind möglich! Allein in dem Moment, in dem Sie bemerken, dass Sie wieder einmal automatisch mit einer Bewertung, einem obligatorischen »Nein, das will ich nicht!« oder einem sehnsuchtsvollen »Ja, bitte mehr davon« auf etwas antworten, haben Sie bereits den ersten Schritt in Richtung Bewusstheit getan. Schon dadurch, dass Sie diesen Automatismus bemerken, ist Achtsamkeit in Ihnen entstanden. Und wenn Sie regelmäßig üben (siehe Praxiskapitel), können Sie diesen Veränderungsprozess nach und nach immer weiter ausbauen. Unsere Denk- und Verhaltensmuster lassen sich zwar nicht von heute auf morgen verändern, weil sie uns im Laufe der Jahrzehnte schon so selbstverständlich wurden, dass wir sie oft gar nicht mehr bemerken. Mit Achtsamkeit kommen wir ihnen jedoch auf die Spur, und was wir über die Jahre hinweg gelernt haben, das können wir schließlich auch wieder verlernen. Dann sind wir bereit, die auf den folgenden Seiten vorgestellten wachen und offenen Geisteshaltungen zu verinnerlichen.

Erste Grundhaltung: Annehmen, was ist

Wie schon kurz beschrieben, erkannte Buddha, dass die Menschen aus zwei Gründen unglücklich sind: weil sie etwas haben möchten, was sie gerade nicht bekommen können, oder weil sie das ablehnen, was sie haben. Wir wünschen uns mehr Geld, weniger Stress, einen liebevolleren Partner, eine weniger hellhörige Wohnung, lukrativere Aufträge und so fort. So kämpfen wir immer gegen das Leben an und geraten dabei unter Druck.

Akzeptanz ist daher die wichtigste Grundhaltung bei der Achtsamkeit. Gemeint ist, sich selbst und anderen eine wertfreie und interessierte Offenheit entgegenzubringen. Eine solche Haltung unterstützt Sie darin, Ihrem Widerstand gegen Situationen, die anders sind, als Sie sich dies vorstellen, interessiert und achtsam zugleich zu begegnen. Wenn Sie ohne Wenn und Aber »Ja!« sagen zu dem, was ist, kann eine ganz neue Sicht auf Sie selbst, andere Menschen, Situationen und

> »*Eine Reise von tausend Meilen beginnt mit dem ersten Schritt.*«
>
> Lao-tse

das Leben entstehen. Anzunehmen, was ist, bedeutet aber nicht, dass Sie in eine passive Haltung verfallen sollen. Manchmal ist es erforderlich, eine Situation erst einmal anzuerkennen, um dann im nächsten Schritt bestimmte Konsequenzen zu ziehen, die zum eigenen Wohlempfinden und zum Wohle aller anderen Beteiligten nötig sind. Sollten Sie sich zum Beispiel beim Test in wesentlichen Punkten dem oder der Leistungsorientierten zuordnen, dann würde Akzeptanz Folgendes bedeuten: Sie werfen morgens einen Blick auf die To-do-Liste, halten inne und denken: »Es ist, wie es ist!«, anstatt den Kopf zu verlieren. Sie werden ganz deutlich den qualitativen Unterschied spüren, wenn Sie anerkennen, was ist, anstatt sich zu sagen: »Oh Gott! Das Pensum schaffe ich heute nie!« (siehe auch Seite 52.) Im nächsten Schritt können Sie dann darüber nachdenken, wie Sie Ihre Arbeitsüberlastung am besten reduzieren können.

Zweite Grundhaltung: Nicht bewerten

Unser Verstand ist meistens damit beschäftigt, andere abzuschätzen, zu begutachten, zu kritisieren oder zu bewundern. Denn wir haben die Tendenz, uns permanent mit anderen Menschen zu vergleichen. Eine solche Haltung führt dazu, dass wir entweder unsicher, unzufrieden oder arrogant auf andere Menschen reagieren. Meistens läuft diese Reaktion so automatisch ab, dass wir es gar nicht bemerken und unsere subjektive Sicht mit der Realität verwechseln.

Sobald Ihnen bewusst wird, dass Sie sich selbst oder einen anderen Menschen bewerten, nehmen Sie dies mithilfe der Achtsamkeit wahr. Indem Sie daraufhin innerlich einen Schritt zurücktreten, entsteht ein offener und wertfreier Raum, sodass Sie etwas Neues über sich und andere erfahren können. Somit erleben Sie jede Art von Erfahrung, egal ob sie angenehm oder unangenehm ist, unmittelbar – ohne den Filter des Verstandes. Und werden bestimmt oft positiv überrascht sein! Das gilt für sämtliche Erfahrungen, egal ob sie den Körper, Gedanken, Gefühle oder Handlungen betreffen. Sollten Sie im Test zu dem Ergebnis gekommen sein, dass Sie zu den Unsicheren gehören, dann könnte »nicht bewerten« für Sie zum Beispiel Folgendes bedeuten: Wenn Sie das nächste Mal jemanden anrufen oder mit jemandem ein Gespräch führen müssen, der sich Ihnen gegenüber meist distanziert oder patzig verhält, nehmen Sie sein Verhalten einfach nur wahr. Sie beziehen es weder auf Ihre Arbeit noch auf sich persönlich, denn die schlechte Laune oder Unfreundlichkeit des anderen kann tausend andere Ursachen haben.

Dritte Grundhaltung: Absichten loslassen

Haben Sie schon einmal bewusst wahrgenommen, dass hinter fast allem, was Sie tun, eine Absicht steckt? Sie essen, um satt zu werden. Sie treiben Sport, um eine gute Figur zu bekommen. Sie kleiden sich betont leger, um jugendlich zu wirken. Sie gehen, um irgendwo anzukommen. Sie lieben, um geliebt zu werden.

In der Achtsamkeitspraxis werden die Dinge um ihrer selbst willen getan. Es geht nicht um das Ziel, sondern um das Da-Sein, um das Tun selbst. Essen Sie also, um zu essen. Gehen Sie, um zu gehen. Trinken Sie Ihren Tee, um Tee zu trinken. Hören Sie zu, einfach um zuzuhören. Dadurch erfahren Sie

> *»Wichtig ist es zu erkennen, dass ich selbst Einfluss habe auf die Realität, die ich erfahre.«*
>
> Tarab Tulku Rinpoche

das Leben auf eine ganz neue Weise. Je weniger Sie angestrengt wollen, umso entspannter können Sie jeden Moment erleben. Wenn Sie die Züge einer Diva besitzen und zum Beispiel ein festliches Abendessen für Freunde kochen, konzentrieren Sie sich nicht darauf, etwas besonders Ausgefallenes zuzubereiten, um dann möglichst viel Bewunderung zu erzielen. Besinnen Sie sich stattdessen auf das Kochen selbst und die Freude an der Vorbereitung.

Vierte Grundhaltung: Geduld üben

In einer Gesellschaft, die auf Zerstreuung aus ist, ist es nicht leicht, Achtsamkeit zu kultivieren. Hinzu kommt, dass Neurowissenschaftler nachgewiesen haben, dass es mindestens 60 bewusster Impulse für eine dauerhafte Verhaltensveränderung bedarf. Es ist also ganz natürlich, dass es eine gewisse Zeit braucht, bis Ihnen achtsames Denken und Handeln in Fleisch und Blut übergegangen sind.

Seien Sie sich nicht böse, wenn Sie sich wieder einmal dabei ertappen, unachtsam zu sein – schon das ist schließlich ein Fortschritt, denn früher wäre es Ihnen gar nicht aufgefallen. Haben Sie Geduld mit sich, Gras wächst auch nicht schneller, wenn man daran zieht. Wenn Sie zuversichtlich und gelassen weiter üben, wird sich die Achtsamkeit immer mehr festigen. Die geduldige Haltung sich selbst gegenüber wird sich übrigens auch positiv auf die Menschen in Ihrem Umfeld auswirken, denn Sie werden auch im Umgang mit anderen entspannter und großzügiger sein. Sollten bei Ihnen im Test Merkmale der oder des Traditionellen überwiegen, so gratulieren Sie sich für jeden Schritt, den Sie in Neuland setzen. Ärgern Sie sich nicht bei Rückfällen auf alte Trampelpfade, sondern vergegenwärtigen Sie sich, dass Veränderungen eben nicht von heute auf morgen passieren.

Die Kraft der inneren Einstellung

Um die vier Haltungen zu verinnerlichen, ist Ihre aktive Mitarbeit und auch einiges an Disziplin erforderlich. Es wäre schön, wenn Sie regelmäßig meditieren könnten. Vielleicht setzen Sie sich für den Anfang als Ziel, sich wenigstens dreimal die Woche, noch besser fünfmal und idealerweise siebenmal die Woche für 10 Minuten zum stillen Sitzen zurückzuziehen. Und wenn Sie merken, dass Ihnen das guttut, dann sollten Sie versuchen, die Meditationszeit zu steigern. Je länger Sie die Achtsamkeitsmeditation praktizieren, umso leichter wird es Ihnen fallen, länger und öfter zu sitzen. Je mehr Sie sich mit ihr beschäftigen, umso deutlicher werden Ihnen auch die Mechanismen bewusst, die Sie daran hindern, sich weiterzuentwickeln und glücklicher zu leben. Um diese Verhaltensweisen zu verändern, ist Ihr Energieeinsatz

gefragt. Er braucht ein Ziel, das Ihnen am Herzen liegt, auf das er sich konzentrieren kann. Vielleicht möchten Sie weniger eifersüchtig sein, mehr Zeit für sich selbst gewinnen, sich weniger Sorgen über alles und jedes machen, selbstbewusster im Team Ihre Meinung vertreten oder geduldiger mit Ihren alten Eltern sein?

Die Trägheit überwinden

Wenn wir uns auf unser Herzensziel konzentrieren, entsteht die Kraft, eine gewisse Anstrengung auf uns zu nehmen, um unsere ganz natürliche Trägheit und Nachlässigkeit zu überwinden. Thich Nath Hanh nennt diese jedem Menschen innewohnenden hemmenden Kräfte »Gewohnheitsenergien«, die wir seiner Meinung nach unbewusst ständig nähren. Mithilfe der Achtsamkeit lernen wir jedoch, die Trägheit zu erkennen, zu benennen und so zu umarmen, dass sie sich schließlich transformieren kann. Der »kleine Coach« hilft Ihnen durch die nun im Praxiskapitel folgenden zahlreichen Übungen dabei, Achtsamkeit in Ihrem Leben als feste Größe zu etablieren.

So gehen Sie vor

Im folgenden Kapitel können Sie endlich loslegen mit der Achtsamkeitspraxis. Wie intensiv Sie sich dem Thema widmen möchten, hängt ganz von Ihren persönlichen Vorstellungen ab. Wenn Sie zunächst einmal in das Thema Achtsamkeit hineinschnuppern möchten und schnelle Erfolge wünschen, dann suchen Sie sich einfach kurze Alltagsübungen heraus, die Sie spontan ansprechen. Möchten Sie hingegen systematisch vorgehen, dann sollten Sie das Praxiskapitel zuerst in Ruhe durchlesen und dann die Übungen machen, die Sie gut und einfach in Ihr Leben integrieren können. Wollen Sie noch einen Schritt weiter gehen und im Sinne des traditionellen Buddhismus Achtsamkeit praktizieren, dann sollten Sie den Praxisteil von vorne bis hinten mitsamt den Meditationen durchexerzieren. Wenn Sie sich für die letzte Variante entscheiden, wäre es ideal, wenn Sie die Meditationszeit von 10 Minuten langsam steigern würden. Letztendlich ist die Dauer aber nicht entscheidend, sondern eher, wie achtsam Sie bei der Sache sind. Generell gilt: Statt sich zu überfordern und deshalb aufzugeben, machen Sie lieber einen Monat lang nur drei kurze Alltagsachtsamkeitsübungen – diese aber dafür regelmäßig und so bewusst wie möglich. Auch so bauen Sie Ihre Achtsamkeit auf. Sollten Sie einmal eine Zeit lang ganz den Faden verlieren oder der Stress des Alltags Sie eingeholt haben, finden Sie im vierten Teil des Buches Übungsprogramme, die Ihnen den Wiedereinstieg erleichtern und die Sie darin unterstützen können, Ihre Achtsamkeit wiederzuerlangen.

Achtsam
im Alltag

Entspannt, gelassen und wach durch Achtsamkeitspraxis

»WENN ICH GEHE, DANN GEHE ICH!« und: »Wenn ich Tee trinke, dann trinke ich einfach nur Tee!«. Diese beiden Aussagen verdeutlichen exemplarisch, worum es bei der Praxis der Achtsamkeit geht. Sie brauchen also weder jeden Tag stundenlang zu meditieren, noch müssen Sie sich in ein Kloster zurückziehen, um Achtsamkeit zu erlernen. **Mitbringen sollten Sie lediglich den Wunsch, wach und präsent durchs Leben zu gehen, und die Bereitschaft, sich dafür etwas Zeit zu nehmen.** Wenn Sie dann noch neugierig sind, werden Sie in diesem Kapitel jede Menge über Ihren Atem, Ihre Gedanken und Gefühle erfahren. Sie werden erkennen, dass es nichts gibt, was Sie so schnell in den gegenwärtigen Moment zurückbringen kann wie die Konzentration auf Ihren Atem. Darüber hinaus lernen Sie grundlegende Übungen der traditionellen Achtsamkeitsschulen kennen. Die verschiedenen Meditationen können Sie dann ausprobieren, wenn Sie Lust haben, tiefer in die buddhistische Praxis einzusteigen. **Darüber hinaus finden Sie viele kleine Übungen für den Alltag, mit denen Sie bereits heute anfangen können,** um sich ganz gezielt »Inseln der Achtsamkeit« für sich selbst, im Umgang mit Ihren Lieben und im Berufsalltag zu schaffen.

Achtsamkeit für Körper, Gedanken und Gefühle

Der Atem ist sowohl der Schlüssel, um unseren Körper bewusst wahrzunehmen, als auch ein offensichtlicher Spiegel unserer Stimmungen und Gefühle. Es gibt nichts, was uns so unmittelbar mit dem gegenwärtigen Moment in Verbindung bringt. Kein Wunder, dass die Konzentration auf den Atem die Grundübung der Achtsamkeit in allen spirituellen Schulen ist – ganz

Übung: Den Atem beobachten

- Nehmen Sie eine Sitzposition Ihrer Wahl ein. Wichtig ist nur, dass der Rücken gerade ist und besonders Schultern sowie Unterkiefer entspannt bleiben.
- Richten Sie den Blick einen halben Meter vor sich auf den Boden und konzentrieren Sie sich ganz bewusst auf den Atem, ohne ihn zu beeinflussen. Ein Atemzug ist länger und tiefer, ein anderer kürzer und oberflächlicher.
- Suchen Sie sich eine Stelle, wo Sie den Atem besonders gut spüren können wie die Nase oder den Bauch – und beobachten Sie, wie der Atem durch die Nase ein- und austritt oder wie sich die Bauchdecke durch die Atmung hebt und senkt.
- Beobachten Sie, wie sich die Atmung ohne Ihr aktives Zutun verändert, wie sie ruhiger und entspannter wird, allein dadurch, dass Sie sich auf den Atem konzentrieren.
- Beenden Sie die Übung mit zwei, drei ganz bewussten Atemzügen.

besonders in den Achtsamkeitsschulen des Buddhismus.
Probieren Sie doch gleich mal für
5 Minuten die Atemübung links
aus, die Sie gleichermaßen entspannt wie zentriert und sich gut
in Ihren Alltag einbauen lässt.

Und haben Sie bemerkt, wie
schnell Sie durch ein paar achtsame
Atemzüge entspannen konnten?
Das hängt damit zusammen, dass
unsere Atmung vom vegetativen
Nervensystem geregelt wird, das
im verlängerten Rückenmark liegt.
Es steuert sowohl unsere unbewussten Körpervorgänge als auch
Anspannung und Entspannung.
Je bewusster Sie mit Ihrem Atem
umgehen können, desto gelöster
und präsenter werden Sie.

So funktioniert die Achtsamkeitspraxis

Wenn Sie tiefer in das Thema Achtsamkeit einsteigen möchten, üben
Sie zunächst am besten jede der vier

Meditationen in diesem Kapitel
eine ganze Woche lang. Beginnen
Sie mit der Atemmeditation auf
Seite 43 und machen Sie in der
darauffolgenden Woche die Meditation auf Körperempfindungen
auf Seite 51, anschließend die auf
Gedanken auf Seite 57 und schließlich die auf Gefühle auf Seite 60.
Ziehen Sie sich zunächst nur 10 Minuten pro Tag zurück, denn so finden Sie leichter den Einstieg in die
Meditationspraxis. Ideal wäre es,
wenn Sie nach den vier Wochen in
Ihrem eigenen Rhythmus die Medi-
tationsdauer langsam auf 30 bis
40 Minuten steigern könnten. Doch
viel wichtiger als die Zeitspanne
ist immer die Achtsamkeit, mit der
Sie üben. Die Meditationen werden
ideal von kurzen Alltagsübungen
ergänzt, die Sie zwischendurch in
Ihren Alltag einbauen können.
Wenn Sie der Gedanke abschreckt,
sich jeden Tag zum Meditieren zurückzuziehen, können Sie auch mithilfe der vielen kurzen Übungen in
diesem Kapitel Achtsamkeit prakti-

zieren. Überspringen Sie dann die Meditationen zunächst einmal und machen Sie die Alltagsübungen der Reihe nach durch. Finden Sie heraus, bei welchen Sie bleiben möchten. Denn bei vielen der kurzen Übungen ist es sinnvoll, sie ein paar Tage oder ein paar Wochen lang zu wiederholen, damit sich Ihr neues Verhaltensmuster festigen kann. Die verschiedenen Programme im vierten Kapitel bieten Ihnen einen guten Einstieg in die regelmäßige Achtsamkeitspraxis.

Die Vorbereitung

Für das traditionelle Programm suchen Sie sich einen Platz, an dem Sie ungestört sind und sich wohlfühlen. Ob Sie bei der Meditation auf einem Stuhl, einem Meditationskissen oder -bänkchen sitzen, ist egal. Wichtig ist nur, dass Sie eine Zeit lang in einer aufrechten Haltung verweilen können, ohne dass es Sie zu sehr anstrengt. Machen Sie es sich so einfach wie möglich und experimentieren Sie mit Decken und zusätzlichen Kissen.

Tipp: Keine starren Regeln

Natürlich müssen Sie nicht eine ganze Woche lang streng bei einem Meditationsthema bleiben, sondern können variieren. Ein statisches Rezept gibt es nicht, weil wir immer auch unsere momentanen Lebensumstände berücksichtigen sollten. Wenn Sie beispielsweise starke Rückenprobleme haben, werden Sie sich schwerer tun, sich nur auf den Atem zu konzentrieren. Wenn Sie wütend auf Ihren Freund sind, ist es wenig sinnvoll, bei den Körperempfindungen zu bleiben, denn dann sind einfach die Gedanken und Gefühle wichtiger. Egal in welcher Reihenfolge Sie die einzelnen Meditationen machen, wichtig ist nur, dass Sie sie regelmäßig praktizieren.

Traditionelle Achtsamkeitsmeditation

- Stellen Sie sich als Erstes einen Wecker, damit Sie sich ganz auf die Meditation konzentrieren können. Beginnen Sie mit 10 Minuten und steigern Sie nach Möglichkeit die Dauer langsam.
- Setzen Sie sich so hin, dass Sie längere Zeit still sitzen bleiben können. Ihr Rücken sollte gerade, aber nicht steif sein, sodass Sie leicht und unbeschwert atmen können.
- Sobald Sie die passende Haltung gefunden haben, lassen Sie Ihre Schultern entspannt sinken und legen Ihre Hände dorthin, wo sie bequem ruhen können.
- Schließen Sie die Augen und konzentrieren Sie sich auf einen Punkt in Ihrem Körper, an dem Sie Ihren Atem bewusst wahrnehmen können, zum Beispiel Nase, Brust- oder Bauchraum.
- Versuchen Sie, den Atem an dieser Stelle unmittelbar wahrzunehmen, ohne seinen Rhythmus zu verändern.
- Wenn Sie einatmen, beobachten Sie, wie der Atem in die Nase einströmt und durch den Rachen und die Luftröhre hinunter zum Bauch fließt. Beim Ausatmen beobachten Sie, wie der Bauch wieder abflacht und der Atem durch die Nase aus dem Körper strömt.
- Wenn Sie bemerken, dass Ihre Gedanken während der Übung abschweifen, kehren Sie mit der Aufmerksamkeit sanft, aber beharrlich wieder zum Atem zurück – wieder und wieder, bis die Meditationszeit vorbei ist.

> *»Urteile nicht hart über dich selbst. Ohne Erbarmen mit uns selbst sind wir außerstande, die Welt zu lieben.«* Buddha

Tiefe Erfahrungen sammeln

Wichtig ist, dass wir jeden einzelnen Atemzug in jedem einzelnen Moment nur beobachten und alles wahrnehmen, ohne zu bewerten. Das hilft uns zu erkennen, was alles an Körperempfindungen, Gedanken und Gefühlen auftauchen kann – und entsprechend schnell wieder vergeht, wenn wir ihm keine besondere Aufmerksamkeit schenken.

Bloß kein Leistungsdruck!

Niemand erwartet, dass Sie sich auf Anhieb länger konzentrieren können. Selbst Menschen, die langjährige Meditationserfahrung haben, können mal schlechter und mal besser mit ihrer Aufmerksamkeit beim Atem bleiben. Setzen Sie sich also nicht unter Druck. Das gilt besonders für den leistungsorientierten Typ, aber auch für alle anderen, die sich selbst schnell in Frage stellen. Denken Sie an die vier Grundhaltungen der Achtsamkeit und versuchen Sie, so positiv wie möglich an die Meditation heranzugehen und offen für alles zu sein, was sich zeigt. Das wird wahrscheinlich besonders den Traditionellen schwerfallen, aber keine Sorge, es passiert nichts, was Sie nicht tief in Ihrem Inneren sowieso schon wüssten.

Absichten loslassen

Erinnern Sie sich immer wieder daran, dass es bei der Achtsamkeitspraxis nicht darum geht, ein Ziel zu erreichen, sondern die Dinge um ihrer selbst willen zu tun. Versuchen Sie, die Zeit, die

Sie zurückgezogen auf Ihrem Meditationsplatz mit sich selbst verbringen, zu genießen, und freuen Sie sich darüber, dass Sie überhaupt bemerken, wie viel Sie denken und wie selten Sie ganz präsent sind. Denn wie Sie schon wissen, ist auch dieses Erkennen bereits eine Form der Achtsamkeit.

Atemübungen für zwischendurch

Egal ob Sie eine kurze Übung machen oder Spaß daran haben, sich länger zur Atemmeditation zurückzuziehen: Je regelmäßiger Sie sich mit Ihrem Atem beschäftigen, desto schneller kommen Sie zur Ruhe. Denn mittels Atmung lässt sich das vegetative Nervensystem bewusst beeinflussen. Und je geübter Sie sind, desto effektiver können Sie die Atemübungen auch in Ihren Alltag integrieren. Das hilft Ihnen, sich auch in stressigen Zeiten zu besinnen und immer schneller zur Achtsamkeit zurückzufinden. Die vielen kleinen Achtsamkeitsübungen in diesem Kapitel können Sie darin unterstützen, gleichzeitig entspannter und wacher zu werden.

Hilfe bei Nervosität

Die folgende Atemübung eignet sich vor allem, wenn ein wichtiger Termin ansteht, der Sie beunruhigt oder verunsichert. Die Übung unterstützt Sie dabei, sich zu sammeln und der Situation ruhiger und präsenter gegenüberzutreten. Sie können Sie zum Beispiel gut im Auto auf dem Parkplatz ausführen, wenn Sie noch ein paar Minuten Zeit bis zur Verabredung haben.

Diese Übung können Sie natürlich auch machen, wenn Sie allein im Büro sind und sich auf ein Gespräch oder eine Präsentation vorbereiten müssen. Schon dadurch, dass Sie sich ein paar Minuten Zeit für die achtsame Wahrnehmung Ihrer Atmung nehmen, werden Sie viel gelassener und entspannter an die vor Ihnen liegenden Aufgaben herangehen können.

Übung: Zur eigenen Mitte finden

- Stellen Sie das Radio ab. Sitzen Sie so aufrecht wie möglich und mit geradem Rücken. Die Zunge liegt entspannt am Gaumen. Die Hände ruhen locker auf den Oberschenkeln.
- Blicken Sie entspannt geradeaus, ohne etwas Bestimmtes zu fixieren.
- Nun lenken Sie die Aufmerksamkeit auf den Atem. Beobachten Sie, wie er ganz von selbst kommt und geht.
- Begleiten Sie den Atem mit einer sanften Bewegung der Hände: Beim Einatmen zeigen die Handflächen nach oben. Stellen Sie sich vor, dass sie dadurch Energie aufnehmen, die Sie unterstützt, zu Ihrer eigenen Mitte zu kommen. Beim Ausatmen zeigen die Handflächen nach unten. Nun stellen Sie sich vor, dass Sie Stress und Nervosität abgeben.
- Bleiben Sie mit Ihrer Aufmerksamkeit ganz beim Atem.
- Wenn die Gedanken immer wieder zum bevorstehenden Termin abschweifen, dann sagen Sie am besten beim Einatmen »ein« und beim Ausatmen leise »aus«.

Achtsamkeitswecker

Achtsamkeit können wir überall praktizieren, auch an der roten Ampel! Egal ob Sie im Auto, mit dem Rad oder zu Fuß unterwegs sind: Nutzen Sie jedes Mal, wenn Sie vor einer roten Ampel stehen, die Zeit, um sich wieder an Ihre Atmung zu erinnern. Nehmen Sie ganz bewusst wahr, wie die Luft durch Ihre Nase ein- und wieder ausströmt. Je häufiger Sie das machen, desto entspannter und konzentrierter werden Sie. Auch das Telefon eignet sich als Hilfsmittel, um im Verlauf des Tages einen achtsamen Umgang mit dem Atem zu praktizieren. Lassen Sie sich auch oft durch das Klingeln des Handys ablenken und manchmal sogar außer Atem bringen? Das hängt damit zusammen, dass wir gewöhnlich mitten aus einer anderen Tätigkeit herausgerissen werden, was uns stresst und uns das Gefühl gibt, dass nicht wir über uns bestimmen, sondern fremdgesteuert werden.

Übung: Achtsamkeitsklingel

Wenn Sie bisher den Hörer reflexartig und gedankenverloren abgehoben haben, versuchen Sie es doch in Zukunft anders:

- Jedes Mal, wenn es klingelt, halten Sie zunächst inne. Wenden Sie sich bewusst Ihrer Atmung zu, nehmen Sie zwei, drei tiefe Atemzüge. Dadurch kommen Sie aktiv zur Ruhe. Wenn Sie neben dem Telefon sitzen, werden Sie noch rechtzeitig den Hörer abnehmen können.
- Wenn Sie in einem anderen Raum sind, machen Sie so etwas wie eine kleine Gehmeditation (siehe Seite 61) und konzentrieren Sie sich dabei auf den Atem.
- Heben Sie dann ganz bewusst ab. Sie werden feststellen, dass Sie viel präsenter und achtsamer bei Ihrem Anrufer sind, als wenn Sie gedankenverloren oder abgehetzt zum Hörer greifen.
- Tipp: Kleben Sie sich anfangs ein Post-it auf Ihr Telefon oder an die Tür, auf dem »Achtsam sein« oder »Atmen!« steht.

Den Körper wahrnehmen

Wahrscheinlich haben Sie durch die verschiedenen Übungen nicht nur Ihren Atem, sondern auch schon Ihren Körper etwas bewusster wahrgenommen. Dies sind erste Erfolgserlebnisse! Die nächste Übung hilft Ihnen, Ihren Körper ganz bewusst zu spüren. Sie wandern dabei achtsam durch alle Körperregionen und erspüren diese jeweils kurz, ohne das, was Sie empfinden, zu bewerten.

Übung: Der Mini-Bodycheck

- Setzen Sie sich aufrecht hin, schließen Sie die Augen und lassen Sie die Schultern nach hinten unten sinken.

- Dann wandern Sie mit Ihrer Aufmerksamkeit durch den Körper. Fangen Sie beim linken Fuß an, wandern Sie durchs linke Bein und gehen Sie dann zum rechten Fuß und rechten Bein über. Wandern Sie weiter durch das Becken, den Bauchraum, den Brustkorb, die Schulterblätter, den Rücken, den rechten und linken Arm bis zu Hals, Kopf und Gesicht.

- Atmen Sie dann ganz bewusst von der Nase hoch zum Scheitel ein und stellen Sie sich vor, dass hier ein Punkt ist, so groß wie ein Zwei-Euro-Stück, der sich mit diesem Einatmen öffnet. Atmen Sie dann durch den ganzen Körper über die Füße aus.

- Beim nächsten Atemzug atmen Sie über die Füße ein, durch den ganzen Körper hoch zum Punkt am Scheitel, und atmen Sie dort aus. Atmen Sie so ein paar Minuten lang ein und aus.

- Dehnen Sie sich am Schluss.

Der richtige Übungsrahmen

Sie können den Bodycheck auch im Liegen ausführen, zum Beispiel morgens, bevor Sie aufstehen, oder abends vor dem Einschlafen. Wenn Sie etwas geübter sind, gelingt er auch zwischendurch im Büro, im Kino oder in der U-Bahn.

Für den Anfang ist es aber generell besser, sich für Ihre Übungen zurückzuziehen. Das gilt ganz besonders für die noch folgenden traditionellen Meditationen.

Körperbedürfnisse erkennen

Die folgende Übung hilft Ihnen, die Bedürfnisse Ihres Körpers differenzierter wahrzunehmen. Dies ist wichtig, weil uns im anstrengenden beruflichen Alltag das Gespür für unseren Körper abhanden kommt. Wir sind Meister darin, unsere körperlichen Bedürfnisse aufzuschieben oder zu ignorieren. Das ist zwar für brenzlige Situationen hilfreich, aber es kann leider auch zur Gewohnheit werden.

Übung: Was braucht Ihr Körper?

Nehmen Sie sich im Alltag immer wieder ganz bewusst Zeit, darauf zu achten, was Ihr Körper benötigt. Halten Sie inne, spüren Sie in sich hinein, und fragen Sie sich:

- Habe ich Hunger oder Durst?
- Bin ich müde, sollte ich mich ein paar Minuten ausruhen?
- Brauchen meine Augen eine kurze Pause vom PC, und würden sie sich über einen entspannten Blick aus dem Fenster freuen?
- Muss ich nicht schon längst zur Toilette?

Versuchen Sie so, mehr Achtsamkeit für Ihre körperlichen Bedürfnisse zu entwickeln und diese möglichst gleich zu erfüllen. Körper und Seele werden es Ihnen danken!

> *»Der große Weg ist sehr einfach, aber die Menschen lieben die Umwege.«* — Lao-Tse

Den Körper erforschen

Bei der folgenden Meditation handelt es sich wieder um »Achtsamkeit für Fortgeschrittene«. Dabei versuchen Sie, Ihrem Körper gegenüber mehr Achtsamkeit zu entwickeln und allen dabei aufkommenden Empfindungen und den dazugehörenden Gedanken vorurteilsfrei mit einer wachen, interessierten und annehmenden Haltung zu begegnen.

Normalerweise haben wir ja die Tendenz, Unangenehmes loswerden und Angenehmes verstärken zu wollen (siehe Seite 25). Doch hier geben wir diesen Reaktionsmustern nicht nach. Wir nutzen stattdessen die Empfindungen, die sich zeigen – egal ob sie angenehm oder unangenehm sind –, als Übungsobjekt und beobachten alles mit einer neutralen Haltung, so gut es uns in dem Moment gelingt.

Wirkung im Alltag

Wenn Sie in der Meditation üben, Ihre Erfahrungen einfach nur zu beobachten und mit ihnen zu verweilen, anstatt sie anders haben zu wollen, entsteht allmählich Raum für Veränderung. Dies wird sich auch positiv auf Ihren Alltag auswirken. Denn wenn Sie problematische Situationen annehmen, anstatt sie kategorisch abzulehnen, setzen Sie nicht mehr die üblichen Stressmechanismen in Gang. Dasselbe gilt auch für positive Erfahrungen, von denen wir normalerweise nie genug bekommen können. Die Lust am Angenehmen sorgt dafür, dass wir oft mehr von einer besseren Zukunft träumen, als im Jetzt präsent zu sein. Auch hier gelingt es uns durch die Meditationsübung, dieses ständige Mehr-haben-Wollen zu erkennen und uns allmählich davon zu lösen.

Achtsamkeitsmeditation und Körperempfinden

- Stellen Sie sich wieder einen Wecker und nehmen Sie sich 10 Minuten Zeit. Wenn Sie diese Meditation anspricht und Sie sie regelmäßig machen möchten, steigern Sie die Übungsdauer nach Möglichkeit langsam.

- Setzen Sie sich wieder aufrecht hin, sodass Sie frei atmen können.

- Konzentrieren Sie sich nun auf die Atmung. Bemerken Sie, wenn die Gedanken abschweifen, und bringen Sie Ihre Aufmerksamkeit immer wieder zum Atem zurück.

- Vielleicht tauchen irgendwann Körperempfindungen auf. Ein Zwicken, ein Kribbeln – oder vielleicht ein Drücken? Nehmen Sie diese Empfindungen einfach nur wahr, ohne sie zu bewerten.

- Wenn Sie bemerken, dass Sie anfangen, Ihre Empfindungen zu kommentieren, unterbrechen Sie die Gedanken sofort und richten Ihre Aufmerksamkeit wieder auf den Atem.

- Wenn es Ihnen hilft, sagen Sie dazu beim Einatmen leise »ein« und beim Ausatmen »aus«, bis Sie sich wieder entspannen können. Dann kehren Sie zum wertfreien Wahrnehmen der Körperempfindungen zurück.

- Es spielt keine Rolle, wie oft Ihr Verstand abschweift, etwas zu beurteilen oder zu kommentieren beginnt, solange Sie es bemerken und die Aufmerksamkeit dann immer wieder mit sanfter Entschiedenheit zum Atem zurückbringen.

PRAXIS

Achtsamer Umgang mit Gedanken

Nachdem Sie geübt haben, die Bedürfnisse und die Empfindungen Ihres Körpers besser wahrzunehmen, geht es nun darum, sich der eigenen Gedanken und Gefühle bewusst zu werden und in Zukunft achtsamer mit ihnen umzugehen. Wahrscheinlich sind Sie besonders während der Meditationen mit der Vielzahl Ihrer Gedanken in Kontakt gekommen, die Ihnen durch den Kopf jagen. Haben Sie dabei bemerkt, wie viele davon Ihnen unangenehme Gefühle bereiten? Gedanken wie »Das schaffe ich nicht!«, »Das kann ich nicht!«, »Das muss ich noch besser machen!«, »Ich muss mich mehr zusammenreißen …« vertreiben Sie aus dem Hier und Jetzt und setzen Sie unter Druck.

Gedanken und Gefühle beeinflussen sich gegenseitig stark. Um einen achtsamen Umgang mit ihnen zu entwickeln, ist es sinnvoll, überhaupt erst einmal zu erkennen, was Sie denken und wie viel davon vielleicht negativer Natur ist. Gedanken, die uns nicht bewusst sind, sind umso machtvoller.

Den Gedanken auf die Schliche kommen

Sowohl im Alltag als auch während der Meditation werden wir durch unsere Gedanken und Gefühle immer wieder aus der Gegenwart fortgetragen.

Besonders durch die traditionelle Achtsamkeitsmeditation lernen Sie, das zu bemerken, innerlich einen Schritt zurückzutreten und die Position eines inneren Beobachters einzunehmen. Das heißt, Sie betrachten alles, was geschieht, aus einem gewissen Abstand heraus. Normalerweise neigen wir dazu, uns mit unseren Gedanken und Gefühlen zu identifizieren und auf immer gleiche Weise automatisch auf sie zu reagieren. Hier kann uns der innere Beobachter helfen, die nötige Klarheit zu gewinnen.

Übung: Gut oder schlecht?

Unser Handeln wird sehr davon bestimmt, wie wir etwas bewerten – meist ohne dass wir dies bemerken. Je achtsamer wir sind und je bewusster wir uns wahrnehmen, desto weniger reagieren wir spontan nach alten Mustern und umso freier können wir dann mit der Zeit auch über unsere Reaktionen entscheiden.

- Suchen Sie sich ein bestimmtes Übungsfeld – sei es das Einkaufen, der Weg zur Arbeit oder die tägliche Besprechung im Team – und richten Sie Ihre Aufmerksamkeit bewusst darauf, was Sie gerade als gut oder schlecht, als angenehm oder unangenehm empfinden.
- Versuchen Sie, möglichst genau wahrzunehmen, wie Sie emotional auf Ihre eigenen Bewertungen reagieren und was das zur Folge hat.
- Nehmen Sie sich möglichst bald danach Zeit, dem nachzuspüren und alles aufzuschreiben, was Ihnen aufgefallen ist. Gibt es ein bestimmtes Muster, das sich durchzieht? Hatten Sie mehr positive oder mehr negative Gedanken? Antworten Sie mit Widerstand auf Ihre negativen Bewertungen, ohne abzuwarten, ob diese auch wirklich der Realität entsprechen?
- Nehmen Sie einfach nur wahr, was sich zeigt, und verurteilen Sie sich nicht!
- Wiederholen Sie die Übung eine Woche lang täglich. So lernen Sie sich besser kennen und werden achtsamer in Bezug auf Ihre Bewertungen.

Mithilfe des inneren Beobachters können Sie lernen, die Lücke zu finden, die zwischen einem Auslöser (zum Beispiel: Ihr Partner kommt zu spät zur Verabredung) und der gewohnten, verinnerlichten Reaktionsweise liegt (Sie haben den Rest des Abends schlechte Laune). Sie können diese Lücke nutzen, um Ihre Gedanken ziehen zu lassen, weil Sie die Situation eh nicht mehr ändern können.

Sie sind nicht Ihre Gedanken

Das Leben wird sehr stark gefärbt durch unsere subjektive Wahrnehmung und durch die Gedanken, die daraus entstehen. Achtsamkeit kann Ihnen dabei helfen, das Leben so anzunehmen, wie es ist, ohne es ständig zu bewerten. Dann entscheiden Sie, ob Sie einem Gedanken Ihre Aufmerksamkeit schenken und welchem nicht. Wachen Sie zum Beispiel morgens mit den Gedanken auf: »Mir ist alles zu viel! Könnte ich doch einfach im Bett liegen bleiben und mir die Decke über den Kopf ziehen! …«, nehmen Sie diese in Zukunft nur achtsam wahr, anstatt sich hineinzusteigern und in Selbstmitleid zu verfallen. Sie stehen einfach auf und beginnen Ihren Tag. Genauso können Sie verfahren, wenn Ihnen zum Beispiel Ihr ungeliebter Nachbar einfällt. Ohne Achtsamkeit auf Ihre Gedanken könnten Sie vielleicht Folgendes denken: »Herr X ist so ein Idiot, immer parkt er sein Auto so, dass ich kaum in meine Garage fahren kann. Wenn er das noch einmal macht, kann er was erleben!« Während Sie sich ausmalen, wie Sie ihn das nächste Mal zur Schnecke machen, fängt Ihr Puls an zu rasen, Ihnen wird heiß, und Ihr Ärger steigert sich langsam, aber sicher immer mehr. Vielleicht stellen Sie sich noch vor, wie Herr X Ihnen eine unverschämte Antwort gibt und wie dann die Hölle losbricht, weil Sie jetzt nämlich …!! In null Komma nichts haben Sie Gedankenketten gesponnen und ein regelrechtes Drama aufgebaut – ohne dass der Nachbar überhaupt wieder in die Nähe Ihrer Garageneinfahrt gekommen wäre. Gedanken lassen sich nicht stoppen, denn es liegt nun mal in der Natur unseres Geistes zu denken. Doch wir können

Übung: Gedanken wie Wolken ziehen lassen

- Setzen Sie sich bequem und aufrecht hin. Genießen Sie die Stabilität und Würde, die Ihnen der aufrechte Sitz verleiht. Es gibt nichts, was Sie aus dem Gleichgewicht bringen könnte.
- Schließen Sie die Augen und wenden Sie sich Ihrem Atem zu. Erinnern Sie sich dann ganz bewusst an eine unangenehme Situation, die Ihnen kürzlich passiert ist.
- Nehmen Sie wahr, welche Gedanken und Gefühle erscheinen, die mit dieser für Sie problematischen Situation zusammenhängen.
- Schauen Sie diese genau an, ohne sich in ihnen zu verlieren oder sie zu bewerten.
- Stellen Sie sich vor, dass die Gedanken in eine Wolke eingehüllt werden und einfach davonschweben.
- Lassen Sie es zu, dass die unangenehmen Gedanken und Gefühle immer wieder erscheinen. Wehren Sie sie nicht ab, sondern nehmen Sie achtsam wahr, was passiert. Hüllen Sie sie dann jedes Mal sanft in helle Wolken und lassen Sie sie ziehen.
- Wenn das Geschichtenspinnen gerade Ihr Thema ist, machen Sie die Übung am besten immer wieder. Beginnen Sie zunächst mit kleinen Ärgernissen, bevor Sie es mit schwierigeren Situationen probieren.

uns entscheiden, die Gedanken loszulassen, statt uns von ihnen hinwegtragen zu lassen oder sie für bare Münze zu nehmen. Gedanken sind nämlich keine in Stein gemeißelten Wahrheiten. Sie sind lediglich Bestandteile unserer geistigen Landschaft.

Wenn Sie im Geiste viele der oben beschriebenen Dialoge führen, sei es mit dem Vorgesetzten oder Ihrer Mutter, wird Ihnen die Übung auf Seite 55 guttun. Vielleicht haben Sie durch die Übung »Gut oder schlecht?« (auf Seite 53) zum ersten Mal überhaupt wahrgenommen, wie negativ Sie oft denken? Dies ist die Voraussetzung, um schwierige Gedanken loszulassen.

Umgang mit besonders hartnäckigen Gedanken

Wahrscheinlich kennen Sie auch solche Gedanken, die besonders hartnäckig und emotional so stark besetzt sind, dass Sie es einfach nicht schaffen, sie nur zu beobachten, so sehr Sie sich auch bemühen.

Gelingt es Ihnen jedoch, diese Gedanken als solche zu erkennen, bevor Sie vollends von ihnen fortgespült werden, haben Sie bereits viel gewonnen.

In der folgenden traditionellen Achtsamkeitsmeditation üben Sie, durch das Benennen der Gedanken Abstand zu gewinnen. Nehmen Sie sich für den Anfang nach Möglichkeit jeden Tag 10 Minuten Zeit für diese Meditation und steigern Sie die Dauer dann langsam auf 20 Minuten. Wenn Sie möchten, können Sie natürlich auch länger üben.

Im Laufe der Zeit werden Sie erkennen, dass es trotz aller Achtsamkeit immer mal Zeiten gibt, in denen Sie deprimiert, ängstlich, neidisch, eifersüchtig, verzweifelt oder wütend sind. Ebenso wird es Phasen geben, in denen Sie Stress haben oder sich von der Routine des Alltags gelangweilt oder erdrückt fühlen. Die Dramen des Lebens kommen und gehen, aber die Zeitspannen, in denen Sie von ihnen beherrscht werden, lassen

Achtsamkeitsmeditation und Gedanken

- Setzen Sie sich wie bei der Atemmeditation beschrieben aufrecht und innerlich zentriert hin, sodass Sie frei atmen können.
- Konzentrieren Sie die Aufmerksamkeit auf das Spüren des Atems. Bemerken Sie, wenn die Gedanken abschweifen, und bringen Sie Ihre Aufmerksamkeit immer wieder zum Atem zurück.
- Tauchen einmal Gedanken auf, die sich nicht sofort auflösen, sobald Sie sie bemerken, benennen Sie diese. Sagen Sie innerlich sanft »denken« – und wieder geht es zurück zum Atem.
- Wenn Sie darin geübter sind, können Sie die Gedanken auch etwas differenzierter benennen: »planen« oder »erinnern« oder »Zweifel«. Dies wird Ihnen helfen, mehr Abstand von deren Inhalt zu bekommen.
- Kehren Sie dann immer gleich mit der Aufmerksamkeit zum Atem zurück. Er ist Ihr Anker für den gegenwärtigen Moment.
- Wenn neue Gedanken auftauchen und Sie diese wahrnehmen, beginnen Sie erneut, sie zu benennen und so fort, bis die Meditationszeit vorüber ist.

sich durch Achtsamkeit drastisch verkürzen. Wenn Sie also in Zukunft hinsichtlich einer Situation destruktive, lähmende oder Stress auslösende Gedanken achtsam wahrnehmen und diese einfach vorbeiziehen lassen, ohne sich mit ihnen zu identifizieren, verlieren diese Gedanken nach und nach ihre Macht über Sie.

Achtsamer Umgang mit Gefühlen

Gefühle können unsere Gedanken und Gedanken wiederum unsere Gefühle elementar beeinflussen. Gemeinsam können sie »Welten« erschaffen, die uns völlig real erscheinen. Selbst dann, wenn sie sich auf ein Ereignis beziehen, das längst vergangen ist oder noch gar nicht stattgefunden hat. Angenommen Sie haben Angst vor einer bevorstehenden Präsentation in der Firma, dann gehören wahrscheinlich auch Gedanken dazu wie: »Ganz bestimmt geht alles schief, ich hätte mich doch noch besser vorbereiten sollen. Was, wenn die Technik versagt? Das wäre so peinlich, ich kann doch überhaupt nicht gut improvisieren …«
Je mehr Sie in Gedanken das Szenario Ihrer Blamage ausmalen, umso stärker werden die dazugehörenden Gefühle von Angst, Scham und Zweifel Sie quälen. Sie erleben all das Negative ganz real, obwohl die

Präsentation noch gar nicht stattgefunden hat und höchstwahrscheinlich alles glattgehen wird. Ähnlich kann es Ihnen ergehen, wenn Sie ein unangenehmes Ereignis in Ihr Bewusstsein zurückholen und sich damit peinigen, es wieder und wieder durchzukauen – mitsamt den negativen Gefühlen von Trauer, Eifersucht oder Ärger, die damit verbunden sind.

Gefühle wahrnehmen

Gefühle sind die Basis für die Entscheidungsprozesse in unserem Alltag. Umso wichtiger ist es, dass wir achtsam und bewusst mit ihnen umgehen. Schließlich können uns unsere Gefühle im positiven Sinne auch dabei helfen, den eigenen Bedürfnissen auf die Spur zu kommen. So kann uns Angst zum Beispiel zeigen, das wir uns überfordern und mehr Zeit für uns brauchen, oder Wut, dass wir unsere Grenzen wahren müssen. Oftmals werden wir jedoch von unseren Gefühlen in die Vergangenheit oder

Zukunft entführt, ohne es überhaupt zu bemerken. Zweifel, Sorgen, Grübeleien übernehmen das Ruder und sorgen dafür, dass Stresshormone ausgeschüttet werden und wir entsprechend gereizt, verärgert oder unsicher und ängstlich reagieren. Obwohl Gefühle uns so bestimmen, haben viele Menschen keinen Zugang zu ihnen oder verdrängen sie. Wenn sie im Unterbewusstsein wirksam sind, haben sie jedoch einen noch stärkeren Einfluss auf uns.

Gefühle verweilen lassen

Mit zunehmender Achtsamkeitspraxis werden Sie die Fähigkeit entwickeln, schwierige Gefühle zu erkennen, sie genauer zu benennen und mit ihnen zu verweilen, ohne sich mit ihren Inhalten zu identifizieren oder sich für sie zu schämen. Wichtig ist, sich selbst gegenüber ehrlich zu sein, denn nur wenn wir uns auch unschönen Gefühlen stellen und sie akzeptieren, statt sie möglichst schnell loswerden zu wollen, können wir sie schließlich wirklich loslassen. Je achtsamer Sie werden, desto mehr erkennen Sie, dass Sie nicht entscheiden können, welche Gedanken und Gefühle auftauchen. Sie können aber entscheiden, wie Sie in Zukunft mit ihnen umgehen. Schritt für Schritt geschehen kleine Veränderungen, und das wird Ihnen auf Dauer das eine oder andere Drama ersparen.

Nehmen Sie sich für die folgende Achtsamkeitsmeditation möglichst wieder 10 Minuten täglich Zeit, in der Ihre Aufmerksamkeit auf Ihren Gefühlen ruht. Steigern Sie nach Möglichkeit die Meditationszeit langsam wieder auf 20 Minuten oder länger.

> *»Man soll sich nicht über Dinge ärgern, denn das ist ihnen völlig egal.«* — Euripides

Achtsamkeitsmeditation und Gefühle

- Setzen Sie sich wie bei der Atemmeditation beschrieben aufrecht und würdevoll hin.
- Konzentrieren Sie Ihre Aufmerksamkeit auf das Spüren des Atems und kommen Sie zur Ruhe.
- Wenn Sie Gefühle wahrnehmen, richten Sie bewusst die Aufmerksamkeit darauf.
- Fragen Sie sich: Wo genau im Körper kann ich das Gefühl wahrnehmen? Was spüre ich dabei? Ist da ein Kloß im Hals, ein Flattern im Magen, eine Muskelanspannung im unteren Rücken …?
- Benennen Sie nun das Gefühl, das zu Ihrer Körperempfindung auftaucht: »Da ist Überforderung«, »da ist Trauer«, »da ist Stress«, »da ist Wut« …
- Grübeln Sie aber nicht, um den passenden Begriff zu finden. Wenn spontan nichts auftaucht, sagen Sie einfach nur: »Da ist ein Gefühl.«
- Nehmen Sie Ihr Gefühl einfach an, ohne es zu bewerten – so ist es eben jetzt gerade.
- Wenn Sie bemerken, dass Sie das Gefühl kommentieren oder Geschichten dazu entwickeln, kehren Sie wieder zu Ihrem Atem zurück und beginnen Sie von vorn, bis die Meditationszeit zu Ende ist.

Achtsames Gehen

Je mehr Sic in Ihrem Körper ankommen, desto achtsamer werden Sie im Umgang mit Ihren Gedanken, Gefühlen und Handlungen. Dann werden Sie vielleicht auch feststellen, wie gedankenverloren Sie oft durch den Tag gehen – so wie die meisten Menschen. Erst wenn wir uns den Fuß verstaucht oder gar das Bein gebrochen haben, bemerken wir, wie selbstverständlich uns das Gehen bisher erschien und was es bedeutet, unbehindert laufen zu können.

Wenn wir gehen, haben wir normalerweise immer ein Ziel: das Büro, den Supermarkt, die U-Bahn, das Fitnessstudio, die Küche, das Badezimmer. Wenn Sie aber achtsam gehen, haben Sie die wunderbare Möglichkeit, die dritte Grundhaltung der Achtsamkeit zu praktizieren, indem Sie alle Absichten loslassen (siehe Seite 34). Halten Sie zwischendurch inne, atmen Sie durch und genießen Sie die angenehme Erfahrung, sich selbst zu spüren und im Jetzt anzukommen.

Der Weg ist das Ziel

Gibt es im Verlauf des Tages bestimmte Strecken, die Sie regelmäßig gehen? Den Weg von der U-Bahn ins Büro? Vom Büro zur Kantine? Vom Wohnzimmer in die Küche? Dann können Sie diesen Weg zu einer kleinen Achtsamkeitsübung (siehe unten) machen.

Am Anfang werden Sie sich dabei vielleicht etwas komisch vorkommen, aber experimentieren Sie einfach spielerisch damit. Sie werden feststellen, dass auch so kleine, aber regelmäßige Unterbrechungen

Übung: Schritt für Schritt

- Stehen Sie bewusst auf, atmen Sie ruhig ein und aus.
- Fühlen Sie nun den Kontakt der Füße mit dem Boden und gehen Sie erst dann los, Schritt für Schritt.

- Kein anderer muss mitbekommen, dass Sie üben. Sie gehen einfach etwas langsamer als sonst und konzentrieren sich währenddessen ganz auf das Gehen.

dabei helfen, aus der Hektik und Routine des Alltags auszusteigen und ruhiger, entspannter sowie achtsamer zu werden.

Machen Sie diese Übung täglich am besten mehrmals, natürlich auch zu Hause. Hilfreich ist es, immer wieder dieselbe Strecke zu gehen, weil es Ihnen dann leichter fallen wird, sich daran zu erinnern.

Gehen hilft bei innerer Unruhe

Die Gehmeditation zählt auch zu den Basisübungen in der traditionellen buddhistischen Achtsamkeitspraxis. Sie bildet ein Pendant zur Sitzmeditation. In Zeiten, in denen Sie besonders gestresst sind, kann es sinnvoller sein, durch die Gehmeditation zur Ruhe zu kommen als durch die Sitzmeditation. Probieren Sie spielerisch aus, welche Form gerade die richtige für Sie ist. Die Gehmeditation kann

Sie darin unterstützen, das Gehen auf ganz neue Weise kennen und schätzen zu lernen, denn es bringt Sie Schritt für Schritt ins Hier und Jetzt zurück.

Die Vorbereitung

Suchen Sie sich für die Gehmeditation zunächst einen Ort, an dem Sie für 10 Minuten möglichst ungestört sind. Das kann ein Wald- oder Feldweg sein, aber auch das Wohnzimmer eignet sich, wenn es groß genug ist. Wichtig ist, dass Sie etwa 20 Schritte ungehindert geradeaus oder im Kreis laufen können. Experimentieren Sie ruhig anfangs ein bisschen.

Gehen Sie Ihre Gehstrecke dann zunächst einmal ab und markieren Sie den Anfangs- und Endpunkt. Das können Sie zum Beispiel mit einem Stein oder Sofakissen machen, je nachdem, wo Sie üben.

> *»Man reist nicht, um anzukommen, sondern um zu reisen.«* Johann Wolfgang von Goethe

Traditionelle Gehmeditation

- Stellen Sie sich an den Ausgangspunkt. Lassen Sie die Hände locker herabhängen oder führen Sie sie vor dem Bauch zusammen.
- Schließen Sie die Augen und gehen Sie mit Ihrer Aufmerksamkeit langsam durch den Körper nach oben. Wenn Sie an der Schädeldecke angekommen sind, versuchen Sie, eine Verbindung von den Zehen bis zum Scheitel herzustellen.
- Achten Sie darauf, keine der Körperempfindungen zu bewerten, die sich dabei zeigen. Nehmen Sie ganz einfach nur wahr, was ist.
- Wenn Sie ganz bei sich angekommen sind, öffnen Sie die Augen und beginnen Sie damit, Schritt für Schritt wie in Zeitlupe zu gehen.
- Nehmen Sie ganz bewusst wahr, wie Sie den Fuß vom Boden abheben, ihn einen Schritt vor sich zuerst mit den Zehen, dann mit den Ballen und schließlich mit der Ferse aufsetzen.
- Erst wenn Sie spüren, dass der ganze Fuß auf dem Boden steht, heben Sie den anderen Fuß und gehen dann einen Schritt weiter.
- Wenn Sie am Ende Ihres Gehpfades angekommen sind, drehen Sie sich um und gehen die 20 Schritte zurück.
- Wenn Sie bemerken, dass Ihr Geist abschweift, dann holen Sie ihn sanft wieder zurück, ohne es zu bewerten, und gehen achtsam weiter.
- Bleiben Sie zum Abschluss noch kurz stehen und nehmen Sie Ihren Körper wahr.

Kleine Inseln der Achtsamkeit schaffen

Sie haben nun viel über einen bewussten und achtsamen Umgang mit Ihrer Atmung, Ihren Gedanken, Gefühlen und Körperempfindungen gelesen – und auch schon erste Erfahrungen gesammelt. Dadurch haben Sie bereits eine deutliche Vorstellung davon entwickelt, wohin die Reise geht: immer bewusster im Hier und Jetzt zu sein und die Achtsamkeit mehr und mehr in Ihrem Leben zu etablieren. Auf den nächsten Seiten folgen noch weitere leicht umzusetzende Tipps und Übungen für Ihren Alltag, die die Achtsamkeitsmeditationen ideal ergänzen und Ihre Achtsamkeitspraxis stärken.

Neue Gewohnheiten entwickeln

Am besten ist es wieder, wenn Sie diese Übungen erst einmal für sich allein ausprobieren. Denn die fröhliche Runde der Arbeitskollegen im Stammlokal ist anfangs nicht die richtige Umgebung, um sich in Achtsamkeit beim Essen zu üben. Ebenso schwierig wäre es, achtsames Gehen zu lernen, wenn Sie sich mit einer Freundin zum Einkaufsbummel treffen. Und dennoch: Sie werden schnell merken, dass es mehr Möglichkeiten inmitten des stressigen Alltags gibt, achtsam zu sein, als Sie denken. Wenn Sie bereit sind, Ihre Energie einzusetzen, und die Übungen regelmäßig ausführen, wird Ihnen die Achtsamkeit im Laufe der Zeit selbstverständlich. Damit sich neue, positive Gewohnheiten entwickeln können, heißt es, immer die Verantwortung für die eigene Lebenssituation zu übernehmen und so gut es geht weiter zu üben.

Sinnvoll genießen

Auf den nächsten Seiten geht es also darum, die Welt achtsam und mit allen Sinnen wiederzuentdecken. Dies ist wohl die größte Herausforderung, denn gerade bei regelmäßigen Tätigkeiten wie essen, duschen, kochen, gehen und zuhören sind wir mit den Gedanken oft ganz woanders und bekommen die Fülle und die Wunder des gegenwärtigen Moments gar nicht mit. Hier kann Sie die Achtsamkeit unterstützen, die Vielfalt an positiven Sinneseindrücken wahrzunehmen, die sich überall zeigt: der Gesang eines Vogels auf dem Weg zum Büro, die blühende Blume am S-Bahn-Gleis, das köstliche Aroma frisch gemahlenen Kaffees, die zärtliche Berührung des Partners … Probieren Sie diese Form der Achtsamkeit gleich mit der folgenden Übung aus!

Übung: Schluck für Schluck genießen

- Setzen Sie sich für Ihren ersten Versuch zu Hause auf die Couch oder an einen anderen gemütlichen Ort, an dem Sie ungestört sind.
- Versuchen Sie nun, Ihr Lieblingsgetränk, egal ob Latte macchiato oder grünen Tee, achtsam zu trinken.
- Nehmen Sie die Farbe des Getränks wahr, den Geruch, den Dampf, der aufsteigt.
- Dann bündeln Sie all Ihre Sinne darauf, Schluck für Schluck zu trinken. Stellen Sie sich vor, es wäre der letzte Latte macchiato, der letzte Tee, den Sie jemals zu trinken bekämen.

Beobachten Sie, wie der Genuss des Getränks sich durch Ihre neue Haltung vollkommen verändert. Probieren Sie die Übung beim nächsten Mal vielleicht im Büro oder im Café aus. Achtsamkeit lässt sich überall und zu jeder Zeit praktizieren.

Achtsam beim Essen

Jeden Tag bieten sich uns zahlreiche Möglichkeiten, achtsam zu sein und die Fülle an Speisen und Getränken, die uns zur Verfügung steht, zu genießen. Dabei hilft vielleicht auch der Gedanke, dass diese Vielfalt nicht selbstverständlich ist. Wie sehr würden sich Menschen aus Drittweltländern wünschen, nur einmal im Leben eine vollständige Mahlzeit zu sich zu nehmen oder die Möglichkeit zu haben, frisches Gemüse oder Obst zu essen anstatt nur eine Handvoll Reis!

Achtsam kochen

In buddhistischen Klöstern, besonders in Zenklöstern, wird seit jeher die Aufgabe des Kochs nur einem Mönch oder einer Nonne übertra-

Übung: Bissen für Bissen genießen

- Essen Sie Ihre nächste Mahlzeit ganz in Ruhe und mit Ihrer vollen Aufmerksamkeit – ohne dabei zu reden, Mails zu checken oder fernzusehen.
- Richten Sie zunächst Ihr Essen ganz bewusst und möglichst ansprechend an und setzen Sie sich dann an den Esstisch.
- Nehmen Sie nun die Farben und den Geruch des Gerichts auf Ihrem Teller wahr.
- Dann beginnen Sie zu essen und konzentrieren sich Gabel für Gabel, Bissen für Bissen auf die Mahlzeit.
- Lassen Sie sich Zeit für diese sinnliche Entdeckungsreise und konzentrieren Sie sich voll auf Ihren Geschmacks- und Geruchssinn.
- Versuchen Sie, die Speise so oft wie möglich zu kauen, bevor Sie sie schließlich hinunterschlucken.

Hilfreich sind kleine Erinnerungszettel, zum Beispiel am Kühlschrank, an der Teedose oder am Herd, auf denen »Achtsamkeit« steht. Solange Sie es noch nicht verinnerlicht haben, bei jedem Schneiden oder Rühren, bei jedem Bissen oder bei jedem Schluck im Hier und Jetzt zu sein, ist es sinnvoll, sich immer wieder kleine Erinnerungshilfen zu schaffen.

gen, der oder die sehr achtsam ist. Denn es heißt, dass sich das, was wir beim Kochen denken, auf die Speisen überträgt und damit maßgeblich die Qualität des Essens beeinflusst. Sind Sie mit Ihren Gedanken also nicht beim Kochen, sondern beim Streit, den Sie am Telefon mit Ihrem Lebensgefährten gehabt haben, dann wird sich Ihre Wut, Enttäuschung oder Verletztheit auch auf das Essen übertragen, und das Gericht ist am Ende verkocht oder versalzen. Sind Sie hingegen achtsam und mit Ihrer ganzen Aufmerksamkeit bei der Zubereitung der Speisen, dann wird sich dies ebenfalls auf Ihre

Kochkünste auswirken, diesmal aber im positiven Sinne.

Viel schwieriger als in der Abgeschiedenheit eines Zenklosters ist es, im Alltag achtsam zu bleiben. All die Fast-Food-Angebote verführen doch sehr leicht dazu, zwischen Tür und Angel schnell ein paar Nudeln mit Fertigsoße zu »zaubern« oder mal eben ein Tiefkühlgericht in die Mikrowelle zu schieben. Pizzaservice, Takeaway, Schnellimbissbuden, All-you-can-eat-Angebote verleiten uns dazu, Kochen zu einer Nebensache zu machen. Wann haben Sie sich eigentlich der Gesundheit und dem Genuss zuliebe das letzte Mal

Zeit genommen, nur mit Zutaten aus der Region und aus Bioanbau eine frische Mahlzeit zuzubereiten? Dabei bietet das Kochen eine hervorragende Möglichkeit, Achtsamkeit zu praktizieren: Wenn Sie die Möhren schälen, sind Sie ganz und gar nur beim Schälen. Wenn Sie das Gericht würzen, sind Sie mit all Ihren Sinnen beim Schmecken. Wenn Sie das Essen fertig gekocht haben, servieren Sie es so, als wären Sie in einem Gourmetrestaurant.

Bereichernde Erfahrungen

Wenn es Ihnen gelingt, mit ganzem Herzen beim Kochen zu sein, den Geruch der Zutaten, das Entstehen des Gerichts bewusst wahrzunehmen, werden Sie schnell eine Veränderung feststellen: Sie werden nicht mehr unter den Mühen leiden, die mit dem täglichen Kochen für die Familie verbunden sind, oder nach Anerkennung und Dank streben. Sie werden stattdessen inneren Frieden erleben, wenn Sie bei Ihren täglich wiederkehrenden

Tätigkeiten eine achtsame Haltung entwickeln, die nicht auf die Wertschätzung anderer angewiesen ist, sondern bei der Sie im Tun selbst Befriedigung finden.

Überlegen Sie sich in diesem Moment einmal in Ruhe, in welchen Bereichen Sie schon achtsamer geworden sind. Und beglückwünschen Sie sich selbst dazu! Unterschätzen Sie nicht, wie wirksam es für die langfristige Praxis der Achtsamkeit ist, wenn Sie sich dabei ertappen, dass Sie beim Essen wieder Ihre SMS checken, und das Handy dann zur Seite legen, um sich ganz aufs Kauen und Schmecken zu konzentrieren.

Den Körper verwöhnen

Normalerweise nehmen wir unsere körperliche Gesundheit für selbstverständlich und muten unserem Körper viel zu: Wir reisen immer schneller und immer öfter über die Kontinente, durch Zeit- und Klimazonen und gönnen ihm oft nicht mal ein paar Tage, um sich umzustellen. Bei jedem Infekt erwarten wir, dass unser Organismus so schnell wie möglich wieder funktioniert, und nehmen lieber Tabletten ein, als uns in Ruhe auszukurieren. Die Folgen dieser Anforderungen an unseren Körper können von Verspannungen über Magenprobleme und Kopfschmerzen bis hin zu Tinnitus und Zucken in den Augenlidern reichen. Doch selbst wenn sich schon entsprechende Symptome zeigen, gönnen wir dem Körper oftmals keine Ruhe und hetzen weiter durch den Tag. Achtsamkeit wird Sie darin unterstützen, kleine Pausen einzulegen, die den Puls beruhigen und das Nervensystem entspannen. Dadurch entwickeln Sie wieder ein stärkeres Körpergefühl. Und je intensiver Sie sich Ihrem Körper gerade bei regelmäßigen Tätigkeiten wie zum Beispiel Duschen, Zähneputzen oder Einölen zuwenden, desto besser werden Sie seine wahren Bedürfnisse erkennen. Gerade Rou-

Übung: Achtsames Duschen

- Stellen Sie den Wecker ein paar Minuten früher, um sich ausreichend Zeit für Ihre tägliche Dusche zu nehmen.
- Versuchen Sie, mit allen Sinnen ganz bei der Sache zu sein, und genießen Sie das Wasser auf Ihrem Körper.
- Nehmen Sie bewusst den Duft des Duschgels wahr, und streichen Sie beim Einseifen ganz achtsam und liebevoll mit der Hand über die Haut.
- Bleiben Sie die ganze Zeit über im Hier und Jetzt, und bewahren Sie diese achtsame innere Haltung möglichst auch noch beim Abtrocknen, Eincremen und Anziehen.

Übung: Achtsame Gesichtsmassage

- Streichen Sie das ganze Gesicht mit den Fingerkuppen von unten nach oben aus. Massieren Sie als Erstes achtsam das Kinn, gehen Sie dann weiter hoch zu den Mundwinkeln, dann zur Mitte der Oberlippe, direkt unterhalb der Nase.
- Massieren Sie diesen Punkt etwas intensiver. Das entspannt beide Gehirnhälften. Massieren Sie dann mit sanften Streichungen weiter hoch, die Nase entlang, zur Stirn, bis hin zum Punkt zwischen den Augenbrauen.
- Massieren Sie diesen Bereich, das sogenannte Dritte Auge, ganz bewusst spiralförmig, denn das verbessert Ihre Konzentrationsfähigkeit.
- Gehen Sie weiter zu den Schläfen. Massieren Sie diese achtsam in kreisenden Bewegungen; dadurch wird Ihre Wahrnehmungsfähigkeit gesteigert.
- Machen Sie dann mit den Händen eine Faust, und massieren Sie sanft kreisend die Wangen und dann die Nasenflügel. Das entspannt die gesamte Muskulatur.
- Streichen Sie zum Abschluss großflächig übers ganze Gesicht. Wie fühlt sich das Gesicht jetzt an?

tinehandlungen bieten ein weites Feld an Möglichkeiten, um uns tagtäglich in Achtsamkeit zu üben und ganz im gegenwärtigen Augenblick zu verweilen.

Wertvolle Massagen

Je mehr Sie mit Ihrem Körper in Kontakt kommen, desto eher nehmen Sie seine Signale wahr. Unruhe, Müdigkeit, Kurzatmigkeit oder nachlassende Konzentration sind Stoppzeichen, die Ihnen signalisieren, dass Sie eine Pause brauchen. Achtsame Körperpflege – besonders in Form von Massagen – hat neben verbesserter Körperwahrnehmung auch noch einen pflegenden und entschlackenden Effekt.

Gönnen Sie sich am besten einmal pro Woche eine Gesichtsmassage wie auf Seite 70 beschrieben, nachdem Sie Ihre Gesichtspflege aufgetragen haben. Das dauert nicht länger als 5 bis 10 Minuten.

Entspannung pur

Eine Massage mit hochwertigen Ölen verleiht Ihnen nicht nur ein gepflegtes äußeres Erscheinungsbild, sondern hilft Ihnen auch, Ihren Körper innerlich zu reinigen. Durch die Massage werden nämlich Schlacken und Schadstoffe in den Zellen gelockert, die dann durch die körpereigenen Entgiftungssysteme von Haut, Nieren und Darm ausgeschieden werden können. Je weniger die Zellen eines Menschen belastet sind, desto besser arbeiten die Organe, und desto wohler fühlt man sich in der eigenen Haut. Dieser intensive innere Reinigungsprozess kann Sie tief entspannen, sodass auch die Seele sich erholen kann. Regelmäßige Massagen lassen Sie somit ganzheitlich regelrecht aufblühen. Vielleicht gönnen Sie sich zwischendurch auch mal eine professionelle Lymphdrainage oder eine ayurvedische Massage. Sicher gibt es auch in Ihrer Nähe ein Schwimmbad oder eine Therme, wo so etwas angeboten wird. Sonst klappt es vielleicht spätestens im nächsten Urlaub? Wahrscheinlich werden Sie nicht jeden Tag Zeit finden, den ganzen Körper achtsam und in Ruhe zu

Übung: Achtsame Körpermassage

Achten Sie bei der Massage generell auf Folgendes:

- Nehmen Sie sich nach Möglichkeit 20 bis 30 Minuten Zeit, um jedem Körperteil achtsam zu begegnen.
- Massieren Sie Körperpartien wie Ober- und Unterarme, Ober- und Unterschenkel mit großen auf- und abführenden Längsstrichen.
- Massieren Sie Gelenke immer mit kreisenden Bewegungen. Zuerst streichen Sie um das jeweilige Gelenk herum, danach über das Gelenk.
- Massieren Sie Beine und Rumpf mit beiden Händen an den entsprechenden Körperregionen gleichzeitig. Führen Sie die Streichungen und Griffe nach Möglichkeit immer mit der ganzen Hand aus, die vollständig am Körper aufliegt.
- Wiederholen Sie alle Bewegungen drei- bis viermal, indem Sie zum Beispiel einen Arm oder ein Bein mehrmals hintereinander mit großen Längsstrichen massieren.

massieren. Teilkörpermassagen, bewusst durchgeführt, haben aber ebenfalls eine spürbare Wirkung auf Ihr körperliches, seelisches und geistiges Wohlbefinden.

Alle Organe und Drüsen des Körpers stehen in Beziehung zueinander, sodass die sanften Berührungen und Streichungen zahlreiche Wechselwirkungen auslösen. Jede Handbewegung belebt über die verschiedenen Nervenbahnen das entsprechende Gehirnareal und aktiviert oder beruhigt gleichzeitig das mit dem oberen Hautbereich verbundene Organ.

Auch Massagen mit einem Massagehandschuh oder einem Luffaschwamm sind sehr wohltuend, sie regen besonders gut die Durchblutung an. Vielleicht möchten Sie das auch einmal ausprobieren. Führen Sie die Streichungen dann auf der trockenen Haut aus und ölen Sie sich erst anschließend ein.

Wohltat für die Füße

Nehmen Sie sich ab und zu 10 bis 15 Minuten Zeit und verwöhnen Sie Ihre Füße mit einer Fußmassage. Schließlich tragen sie die gesamte Last des Körpers. Eine Fußmassage ist besonders dann wirksam, wenn Sie den ganzen Tag stehen müssen, enge Schuhe tragen

Info: Geeignete Basisöle für Massagen

Für Massagen eignen sich besonders folgende Öle:

Sesamöl erwärmt den Körper am intensivsten und wird auch als das dünnflüssigste Öl geschätzt. Es dringt leicht tief in die Haut ein und wird vom Organismus besonders gut aufgenommen. Am besten ist es, das Öl vor der Massage ein wenig zu erwärmen.

Olivenöl stellt eine gute Alternative zu Sesamöl dar. Es eignet sich besonders für die heiße Jahreszeit oder für Menschen, die schnell schwitzen, gereizt oder ungeduldig sind.

Mandelöl ist besonders empfehlenswert für sensible Menschen. Allerdings dringt es weniger gut in die Haut ein und ist auch etwas weniger anregend für den Stoffwechsel als Sesamöl.

Sonnenblumenöl ist vergleichsweise mild und besser verträglich, aber auch nicht so stoffwechselaktiv wie Sesamöl. Generell gilt: Achten Sie auf Qualität und kaufen Sie die Öle am besten im Naturkostladen.

oder aber unter Schlaflosigkeit, Nervosität oder Abgeschlagenheit leiden. Fußmassagen entspannen und beleben zugleich. Sie stärken das Immunsystem und die geistige Balance. Am effizientesten ist eine Fußmassage nach einem anstrengenden Arbeitstag, weil sie dann besonders entspannend wirkt, schön in den Feierabend überleitet oder zu einem beruhigenden Ritual vor dem Einschlafen werden kann. Ideal wäre es, wenn Ihr Partner Ihre Füße massieren würde und Sie sich ganz entspannt dabei zurücklehnen könnten. Anschließend könnte er dann an der Reihe sein.

Achtsames Stehen und Gehen

Über das achtsame Gehen werden Sie mit all Ihren Sinnen mehr von der Welt um Sie herum wahrnehmen. Das bewusste Stehen lässt Sie außerdem Erdung erfahren, indem Sie mit beiden Beinen im wahrsten Sinne des Wortes fest auf dem

Übung: Achtsame Fußmassage

- Legen Sie den rechten Fuß auf das linke Knie. Reiben Sie den ganzen Fuß zunächst mit etwas Massageöl ein.
- Fassen Sie dann mit einer Hand fest die Ferse und ziehen Sie mit der anderen Hand die Zehen nach vorne. Das erhöht die Gelenkigkeit der Füße.
- Drücken und drehen Sie anschließend jeden einzelnen Zeh ein paar Mal mit den Fingern.
- Üben Sie zum Schluss mit dem Daumen in tiefen kreisenden Bewegungen Druck auf die Fußsohle aus.
- Dann ist der andere Fuß an der Reihe.

Übung: Der Berg

- Stellen Sie sich aufrecht hin, die Füße parallel und etwa hüftbreit auseinander. Die Beine sind gerade, die Knie aber nicht durchgedrückt.
- Richten Sie dann bewusst die Wirbelsäule noch ein wenig mehr auf und lassen Sie die Schultern dabei sanft nach hinten unten sinken. Achten Sie darauf, dass dabei kein Hohlkreuz entsteht.
- Die Hände liegen eng am Körper an, der Kopf ruht gerade auf den Schultern, der Blick geht nach vorn.
- Stellen Sie sich nun vor, dass aus Ihren Füßen Wurzeln wachsen, die bis tief in die Erde reichen.
- Spannen Sie dann den ganzen Körper von unten nach oben an. Atmen Sie dabei tief ein. Lassen Sie die Spannung dann wieder los und atmen Sie dabei tief aus.
- Stellen Sie sich vor, wie mit jedem Ausatmen und Lockerlassen Ihre Wurzeln tiefer in die Erde reichen und Ihnen immer mehr Standfestigkeit verleihen.
- Wiederholen Sie das An- und Entspannen so lange, bis Sie das Gefühl haben, ganz im Jetzt angekommen zu sein.

Boden stehen und somit mehr im Leben ankommen.

Übungen, die Sie wieder in Kontakt mit Ihren Füßen, Ihrem Körper und Ihrer Atmung kommen lassen, können Sie überall im Alltag praktizieren. Die Übung oben kann Ihnen zum Beispiel vor einem wichtigen Gespräch oder einer Präsentation helfen, wenn Sie unsicher oder unruhig sind und Standfestigkeit und Entspannung benötigen.

Warten als Übungsfeld sehen

Das Schöne an der Achtsamkeitspraxis im Alltag ist, dass man auch scheinbar unangenehme Situationen positiv erleben kann, indem man sie als Übungsfeld benutzt. Hier eignen sich besonders solche Situationen, in denen Sie warten müssen. Gehetzt, wie wir oft sind, ärgern wir uns maßlos über Situationen, in denen wir ausharren müssen, weil wir dabei das Gefühl haben, unsere kostbare Zeit zu »vergeuden«. Doch egal, ob Sie auf einem Amt herumsitzen müssen oder in der Schlange an der Supermarktkasse oder am U-Bahnsteig stehen – all dies können ab sofort willkommene Gelegenheiten für Sie sein, Ihren spontanen Widerwillen loszulassen und sich in Achtsamkeit zu üben.

Übung: Wartezeiten nutzen

- Wenn Sie sich in einer Wartesituation befinden, nutzen Sie die Zeit. Gehen Sie mit der Aufmerksamkeit zu Ihren Füßen und nehmen Sie bewusst Bodenkontakt auf, um sich zu erden. Sollten Sie stehen, dann achten Sie darauf, dass die Knie nicht durchgedrückt sind.
- Bringen Sie die Wirbelsäule in eine sanfte Aufrichtung, indem Sie sich vorstellen, dass Sie am höchsten Punkt des Kopfes wie eine Marionette nach oben gezogen werden, und lassen Sie Ihr Gewicht gleichzeitig bewusst Richtung Boden sinken.
- Richten Sie Ihre Aufmerksamkeit dann auf die Atmung, ohne diese verändern zu wollen. Nehmen Sie sich einfach nur achtsam wahr – und schenken Sie sich ein inneres Lächeln!

Die Siebenmeilenstiefel ausziehen

Ist Ihnen schon einmal aufgefallen, dass Sie in Zeiten, in denen Sie gestresst sind, viel schneller gehen als im Urlaub? Und dass Sie auch dann noch schnell gehen, wenn der Stress vorbei ist? Nehmen Sie sich spaßeshalber einmal die Zeit, und beobachten Sie die Menschen in Ihrer Umgebung. Die meisten gehen so, als sei jemand hinter ihnen her. Wenn Sie die traditionelle Gehmeditation (siehe Seite 63) eine Zeit lang geübt haben, dann können Sie beginnen, auch die täglichen Wegstrecken in Achtsamkeit zurückzulegen. Planen Sie dafür aber entsprechend mehr Zeit ein. Sicher ist es nicht sinnvoll, achtsames Gehen dann zu praktizieren, wenn Sie eh zu spät das Haus verlassen und sich nicht sicher sind, ob Sie den Bus noch erreichen.

Auch hier gilt: Überfordern Sie sich nicht, sondern beginnen Sie langsam Schritt für Schritt. Vielleicht kommt es Ihnen zunächst noch seltsam vor, sich im Alltag so viel Zeit für das Gehen zu lassen. Aber je häufiger Sie das achtsame Gehen üben, desto leichter wird es Ihnen fallen, Ihre Schritte bewusster zu setzen und im Augenblick präsent zu sein.

Gehen Sie neue Wege

Wir sind meistens dann unachtsam, wenn wir Dinge regelmäßig tun oder immer die gleichen Wege gehen. Sie können Ihren Alltag dadurch bereichern, indem Sie für ein paar Minuten ganz bewusst auf alles achten, was auf Ihrer Stammstrecke liegt. Sind Ihnen die schönen Bäume in der Straße schon einmal aufgefallen oder die blühenden Büsche? Vielleicht probieren

Sie auch einmal einen neuen Weg ins Büro oder ins Fitnessstudio aus und nehmen achtsam wahr, was sich dabei alles zeigt. Möglicherweise suchen Sie sich auch einen neuen Spazierweg mit Ihrem Hund aus, wer weiß, wer Ihnen da begegnet? Gehen Sie die neuen Wege achtsam und mit offenem Geist. Wenn Sie Spaß am achtsamen Gehen entwickelt haben, können Sie die Übung auch ausdehnen und barfuß wandern, um Schritt für Schritt die Landschaft zu erkunden. Eine solche Wanderung wird Ihnen nicht nur ein neues Fuß- und Körperbewusstsein vermitteln, sondern Ihnen die Natur auch ein ganzes Stück näherbringen. Sie werden automatisch langsamer gehen und viel bewusster auf das achten, was Sie beim nächsten Schritt erwartet.

Übung: Achtsam spazieren gehen

- Wenn Sie das nächste Mal spazieren gehen, dann tun Sie dies so achtsam wie möglich.
- Suchen Sie sich einen schönen Park- oder Waldweg, auf dem Sie nach Möglichkeit ungestört ganz langsam gehen können.
- Thich Nhat Hanh empfiehlt die hübsche Vorstellung, dass jeder bewusste Schritt dazu führt, dass an dieser Stelle eine Blume wachsen wird.
- Bleiben Sie auf Ihrem Spaziergang zwischendurch immer wieder stehen und schauen Sie sich mit wachen Sinnen um. Wann haben Sie die Bäume auf diesem Weg das letzte Mal wahrgenommen, den Duft der Wiesen und Blumen gerochen, den Wind auf der Haut gespürt?
- Gehen Sie schließlich genauso langsam und achtsam wieder nach Hause.

Achtsamer Umgang mit anderen

Auf den vorhergehenden Seiten haben Sie viel über den achtsameren Umgang mit sich selbst erfahren. Mit dieser neu gewonnenen inneren Haltung lassen sich auch interessante Dinge über Ihre privaten und beruflichen Beziehungen entdecken.

Achtsamkeit in der Partnerschaft

Nach einem anstrengenden Arbeitstag noch achtsam mit dem Partner umzugehen ist eine hohe Kunst. Unsere Kunden, Patienten, Arbeitskollegen und Chefs kennen meist nur unsere Schokoladenseite, wohingegen wir dem Lebenspartner durchaus unsere müde, gestresste und überspannte Seite zumuten. Ähnlich wie den eigenen Körper vernachlässigen wir häufig auch die Menschen, die uns im Grunde unseres Herzens wichtig sind. Das Bewusstsein um die Kostbarkeit der Beziehung geht vielfach im Alltagsstress unter. Viele Menschen neigen dazu, ihre Partnerschaft mit den Jahren als selbstverständlich hinzunehmen. Schließlich sieht man sich ja täglich, und der Alltag läuft oft nach demselben Schema ab – morgens erfolgt eine kurze Bestandsaufnahme, wer wann heimkommt oder wer was einkauft, und dann gibt es vielleicht noch einen routinierten Abschiedskuss, während man mit den Gedanken (und Gefühlen) schon längst ganz woanders ist. Abends sieht es oft nicht besser aus. Am Wochenende werden dann die Hausarbeit, Großeinkäufe und immer häufiger auch berufliche Dinge erledigt – wo bleibt da noch Muße für die Partnerschaft? Doch eine gute und stabile Lebensgemeinschaft basiert auf so wichtigen Werten wie Aufmerksamkeit, Respekt und Liebe. Sie muss durch gemeinsame positive Erlebnisse aufrechterhalten und gepflegt werden, damit sie über die Jahre hinweg lebendig bleibt. Selbst dann, wenn Sie das Gefühl haben, keine Zeit mehr für Privates zu haben. Denn nur das, was Sie mit Achtsamkeit, Wertschätzung und Dankbarkeit nähren, werden Sie langfristig als eine Oase der Ruhe und Entspannung erleben, die Ihnen in stressigen Zeiten Halt geben kann.

Alles ist möglich

Wenn Sie das Gefühl haben, dass Sie sich als Paar mehr und mehr aus den Augen verlieren, üben Sie vor allem, präsent zu sein. Die Voraussetzung hierfür bildet die innere Bereitschaft, sich von alten Gewohnheiten zu lösen. Denn wie schnell landet man mit dem Partner am Abend wieder vor dem Fernseher, weil man zu müde ist, um noch etwas zu unternehmen? Wie rasch vergisst man, dass man sich beim Abendessen angeregt unterhalten wollte, anstatt die Zeitung zu lesen oder in Gedanken versunken vor sich hin zu schweigen?

Bei Ihrem Achtsamkeitsvorhaben werden Sie vor allem die regelmäßigen Meditationsübungen unterstützen, die Sie am Anfang des Kapitels kennengelernt haben. Sie helfen Ihnen dabei, wieder mehr bei sich selbst anzukommen und genug Kraft für die »Beziehungsarbeit« zu entwickeln. Achtsamkeit, mit Abwechslung im Alltag gepaart, kann Ihrer Liebe ganz neuen Schwung verleihen.

Neuer Schwung im Beziehungsalltag

Das größte Geschenk, das wir uns gegenseitig machen können, ist unserem Partner unsere ungeteilte Aufmerksamkeit entgegenzubringen. Dadurch entstehen viele Missverständnisse und Probleme erst gar nicht (siehe auch Seite 87). Üben Sie also, aus der Alltagsroutine auszusteigen und sich bewusst mehr Ihrem Partner zu widmen. Versuchen Sie, statt Überstunden im Büro zu machen, früher nach Hause zu kommen, um mit ihm noch ins Kino oder in eine Ausstellung im Museum zu gehen. Vielleicht verabreden Sie sich auch lieber gleich in der Stadt, um der fatalen Anziehungskraft von Sofa und Fernbedienung garantiert zu entgehen.

Für den Anfang hilft es wahrscheinlich, wenn Sie sich einen festen Tag in der Woche für solche Aktivitäten Zeit nehmen. Das ist schon eine Menge, besonders wenn Sie Kinder haben. Fragen Sie sich und Ihren Partner auch immer wieder, wonach Ihnen gerade ist. Nach Zärtlichkeit statt nach einem Fernsehabend? Nach einem Wochenende zu zweit in einem schönen Wellnesshotel, statt mit der Clique gemeinsam wandern zu gehen? Seien Sie achtsam und offen für alles, was sich entwickelt, wenn Sie beide diese Fragen beantworten. Gestehen Sie sich Ihre eigenen Bedürfnisse gegenüber dem Partner ein und nehmen Sie auch seine Anliegen ernst. Räumen Sie bewusst Zeit für die Dinge ein, die nicht in Ihrem Alltagspflichtenkatalog stehen, und machen Sie zumindest einmal im Monat am Wochenende etwas, das Ihnen beiden Spaß macht.

Werden Sie verbindlich

Wenn Sie mehr Achtsamkeit in Ihre Beziehung bringen möchten, ist es natürlich sinnvoll, dies zu einem gemeinsamen Projekt zu machen. Erzählen Sie Ihrem Partner von Ihrem Wunsch und werden Sie verbindlich. Es macht einen

> *»Ruhe bringt Gleichgewicht und Leichtigkeit. Gleichgewicht und Leichtigkeit bringen inneren Frieden und Gelassenheit.«*
>
> Tschuang-Tse

großen Unterschied, ob Sie beide nur darüber sprechen, was Ihrer Beziehung guttäte, oder ob Sie sich gemeinsam um eine achtsame Umsetzung bemühen. Am besten ist es, wenn Sie sich an einem Abend zusammensetzen und ganz konkret zu Papier bringen, in welchen Situationen Sie gemeinsam achtsam sein möchten. Ein solcher Schritt verdeutlicht, dass Sie es ernst meinen und nicht nur von einem achtsamen Leben träumen. Es reicht, wenn Sie mit Ihrem Partner eine oder zwei Achtsamkeitsübungen machen, wie die auf Seite 83 oder die Übungen für eine achtsamere Kommunikation (siehe Seite 88 und 89), diese aber regelmäßig in Ihren Alltag integrieren. Zu zweit können Sie sich immer wieder gegenseitig daran erinnern, achtsamer miteinander umzugehen, so festigt sich Ihr Verhalten.

Tipp: Achtsam bei den Mahlzeiten

Nutzen Sie zum Beispiel die kostbare Zeit bei den Mahlzeiten ganz bewusst, um über schöne oder tiefer gehende Dinge zu reden als über das übliche To-Do. Als Achtsamkeitssymbol kann anfangs eine Kerze dienen, die Sie beide an Ihr Vorhaben erinnert.

Oder verabreden Sie, gemeinsam das Essen über zu schweigen. Vielleicht haben Sie ja sogar eine Klangschale, die Sie anschlagen können, um Anfang und Ende der Schweigezeit anzuzeigen. (Das funktioniert übrigens auch gut mit Kindern, die solche Neuerungen meistens begeistert aufnehmen.)

Ihr bewusstes gemeinsames Schweigen beim Genießen der Mahlzeit wird sich ganz anders anfühlen als die Stille, in der sonst jeder seinen Gedanken nachhängt.

Übung: Verabredung im Bett

- Lassen Sie Fernseher und PC wenigstens einmal pro Woche aus und verabreden Sie sich im Bett.
- Lassen Sie absichtslos zu, was passiert, und folgen Sie einfach Ihrem Körper und dem, was er Ihnen sagt. Seien Sie zärtlich, wenn Sie zärtlich sind. Und drängend, wenn Sie drängend sind.
- Vielleicht streicheln Sie sich auch ganz achtsam und ohne Ziel: Einer von Ihnen liegt dabei entspannt auf dem Rücken oder Bauch. Der andere streichelt eine Weile, dann wird die Position gewechselt.
- Versuchen Sie beide, mit Ihrer ganzen Aufmerksamkeit bei dem zu sein, was gerade passiert: Wenn Sie in der Position sind zu streicheln, berühren Sie den Körper Ihres Partners, als würden Sie ihn zum ersten Mal in Ihrem Leben erforschen. Wenn Sie mit dem Gestreicheltwerden dran sind, bleiben Sie präsent und nehmen Sie so genau wie möglich jede einzelne Berührung in sich auf.

Achtsamkeit wirkt garantiert immer

Wenn Ihr Partner ebenfalls seine Achtsamkeit schulen will, ist das natürlich äußerst erfreulich – aber es ist keine Voraussetzung dafür, dass der achtsame Umgang miteinander funktioniert.

Auch wenn nur Sie Ihre Achtsamkeit vertiefen, werden sich die Muster und Strukturen in Ihrer Beziehung verändern, da Sie anders (re-)agieren als bisher. Dadurch wird auch Ihr Partner anders auf Sie reagieren, und es tun sich neue Entwicklungschancen auf.

Achtsam sein, wenn es kriselt

Jede Partnerschaft kommt irgendwann an den Punkt, wo es hakt und kriselt, das ist ganz normal. Entscheidend ist, wie wir mit solchen Schwierigkeiten umgehen. Denn davon hängt ab, ob wir wieder zusammenfinden oder ob wir in manchmal endlose Querelen und Kämpfe geraten. Wie Sie im letzten Kapitel erfahren haben, neigen wir dazu, Unangenehmes so schnell wie möglich loswerden zu wollen. Das kann sich in Bezug auf die Partnerschaft bei jedem anders zeigen – je nachdem, welche Denk- und Verhaltensmuster wir verinnerlicht haben. Eine Möglichkeit ist beispielsweise, Beziehungsprobleme gar nicht an uns heranzulassen und sie so gut es geht unter den Teppich zu kehren, sprich: zu verdrängen (und vielleicht mit Schokolade oder exzessivem Sport die innere Leere zu übertünchen). Eine weitere Möglichkeit ist, bei Problemen den Partner zu beschuldigen und dabei verbal um sich zu schlagen oder sich gekränkt in sich selbst zurückzuziehen, um Ärger oder Frust so schnell wie möglich loszuwerden (siehe Seite 86).

Bei sich selbst ansetzen

Auf jeden Fall drücken sich die meisten Menschen bei Schwierigkeiten vor einer tiefer gehenden Auseinandersetzung mit den Ursachen. Sie machen lieber den Partner für die Beziehungsprobleme verantwortlich und erwarten, dass dieser sich ändert. Jede Schwierigkeit in einer Beziehung, egal ob privat oder beruflich, hat aber immer auch etwas mit uns selbst zu tun. Die äußeren Umstände haben nur einen relativ kleinen Anteil am empfundenen Glück oder Leid. Wir selbst mit unseren Denk- und Reaktionsmustern sind es, die uns in vieler Hinsicht im Weg stehen (siehe auch ab Seite 31). Wenn wir unserem Partner die Verantwortung übertragen, uns glücklich zu machen, und erwarten, dass er sich unseren Vorstellungen entsprechend verhält, werden wir keine befriedigende tiefe Beziehung erleben können. Dann sind wir schnell frustriert, weil sich der vermeintliche Glücksgarant mal wieder nicht so verhält, wie wir das wollen. Oder es steht gar die dauernde Angst im Raum, den Partner zu verlieren, von dem doch unser Wohlbefinden so sehr abhängt. Wie schnell gerät man dann in die Rolle des Opfers, das »einfach kein Glück in der Liebe hat«!

Genauer hinsehen

Wenn Sie also müde, lustlos, demotiviert, unleidig, zänkisch, frustriert oder träge sind und Ihre Beziehung als langweilig oder belastend empfinden, halten Sie inne und schauen Sie genauer hin, was eigentlich hinter Ihrer Unzufriedenheit steckt. Hier eignen sich besonders gut die Achtsamkeitsmeditationen auf Gedanken und Gefühle (siehe Seite 57 und 60). Vielleicht lesen Sie sich auch noch einmal Ihr Testergebnis aus dem ersten Kapitel durch (siehe ab Seite 10) und überprüfen, welche Verhaltensmuster sich auch auf Ihre Beziehung auswirken. Zeigen Sie als Diva wirklich Interesse daran, wie es Ihrem Partner geht, oder erwarten Sie, dass er sich hauptsächlich um Ihr Wohlergehen bemüht? Ignorieren Sie als leistungsbetonter Typ seine Probleme, weil Sie sich ja schließlich auch dauernd zusammenreißen, damit die Beziehung reibungslos funktioniert? Stecken Sie als unsicherer Typ meist zurück, wenn es darum geht, sich mehr Erholung und Freiheiten im Alltag zu gönnen, nur damit es nicht zu Diskussionen kommt? Verbringen Sie als traditioneller Typ die Zeit mit Ihrem Partner am liebsten im trauten Kreis

> *»Sei du selbst die Veränderung, die du dir wünschst für diese Welt.«* Mahatma Gandhi

von Familie oder Freunden und machen seine Vorschläge, eine neue Sportart oder ein neues Lokal auszuprobieren und dabei vielleicht auch neue Bekanntschaften zu schließen, erst einmal madig? Es geht bei Schwierigkeiten also nicht darum, den Partner zu verändern, damit er unseren Vorstellungen von »Mr. oder Mrs. Right« entspricht, sondern darum, unser eigenes Denken und Verhalten wahrzunehmen und in eine für uns sinnvolle, heilsame Richtung zu lenken.

Hilfe bei heftigen Auseinandersetzungen

Besonders wenn wir uns schon in einer längeren Phase der Auseinandersetzungen befinden, sind wir so gestresst, dass wir eher unreflektiert und automatisch auf alle Empfindungen reagieren, die unser Partner in uns auslöst. Entweder verschanzen wir uns dann schnell hinter einer Mauer aus Schweigen oder wir schimpfen, schreien und klagen ihn sofort für alles an, was er tut oder nicht tut. Auf jeden Fall machen wir uns nicht bewusst, was wirklich angebracht wäre, um aus der schwierigen Situation herauszukommen und uns wieder konstruktiv zu verhalten. Dafür ist nämlich eine Atempause nötig, besonders dann, wenn eine Situation bereits so verfahren ist, dass schon ein einziges Wort unseres Partners reicht, um uns auf die Palme zu bringen oder beleidigt den Rückzug anzutreten.

In solchen Zeiten ist es besonders hilfreich, sich zu sammeln und wahrzunehmen, welche Körperempfindungen, Gedanken und Gefühle wir haben und wie es gelingt, sich nicht vollkommen mit ihnen zu identifizieren. Manchmal reichen schon ein paar wenige Atemzüge aus, um mit unserem inneren Beobachter in Kontakt zu kommen, der uns aufzeigen kann, dass es mit etwas Abstand betrachtet gar keinen Grund gibt, so wütend oder gekränkt zu sein (siehe auch ab Seite 52).

Missverständnisse vermeiden

Beziehungsprobleme entstehen oft aus Missverständnissen heraus, die daher rühren, dass wir unserem Partner nicht richtig zuhören. Zum Beispiel, weil wir mit den Gedanken ganz woanders sind oder weil wir schon im Vorfeld zu wissen glauben, was er uns sagen wird. Dies gilt besonders für Vorwürfe.

Missverständnisse entstehen aber auch, wenn wir uns über unsere eigenen Bedürfnisse, Standpunkte und Gefühle nicht ganz im Klaren sind. Unser Partner empfängt dann entsprechend schwammige Botschaften von uns und kann heraushören, was er gerade für passend, richtig oder falsch hält. So reden wir nur aneinander vorbei.

Übung: Viele gute Lehrer

Die tibetischen Buddhisten bitten darum, dass ihnen das Leben ein Maß an Schwierigkeit schenken möge, das sie bewältigen können, um daran zu wachsen. Versuchen auch Sie alles, was Ihnen in Ihrem Leben begegnet, als Möglichkeit zu sehen, sich weiterzuentwickeln. Das ist nicht einfach, schon gar nicht bequem, aber es hat den großen Vorteil, dass Sie Ihre Energie nicht am inneren Widerstand gegen schwierige Situationen vergeuden, sondern sie ganz dafür einsetzen können, diese zu meistern.

- Nehmen Sie ein Blatt Papier und schreiben Sie auf, welche Menschen und Situationen Ihnen derzeit das Leben schwer machen.
- Beschreiben Sie, welche Grundhaltungen der Achtsamkeit in diesen Fällen gefordert wären und warum es Ihnen gerade schwerfällt, diese einzunehmen.

Die Kunst der achtsamen Kommunikation

Wahrscheinlich haben Sie im Lauf der Zeit gemerkt, dass die Achtsamkeitsübungen Ihnen dabei helfen, Ihre eigenen Gedanken, Gefühle und Bedürfnisse besser zu verstehen und zu akzeptieren. So können Sie diese auch Ihrem Partner viel besser vermitteln.

Durch die gewonnene Klarheit kommen Sie aus dem Dauerstress heraus, den ständige Auseinandersetzungen auslösen. Sie werden entspannter und erkennen, dass neue Lösungen auftauchen, wenn Sie das, was Sie üblicherweise spontan denken und aussprechen, mit mehr Distanz betrachten.

Machen Sie sich bewusst, dass die Sprache ein machtvolles Werkzeug ist: Ein Wort kann Himmel oder Hölle erschaffen. Doch auch Zuhören will geübt sein, denn das Missverstehen ist meist der erste Schritt in Richtung dicke Luft.

Übung: Sprechen Sie von sich

- Sagen Sie genau das, was Sie fühlen oder denken, anstatt Ihrem Partner Vorwürfe zu machen. Verwenden Sie Ich- anstatt Du-Botschaften. Sagen Sie: »Ich fühle mich allein und habe Angst, dass wir uns voneinander entfernen« anstatt »Du nimmst keine Notiz von mir und bist nur noch im Büro«.

- Bleiben Sie konkret, anstatt Verallgemeinerungen zu benutzen. Vermeiden Sie Wörter wie »immer« oder »nie«.

- Sagen Sie besser »Ich bin Freitagabend sauer geworden, weil du mir nach dem Essen nicht geholfen hast abzuräumen« anstelle von »Ich war sauer, weil du wie immer die Nachrichten angesehen hast«.

Übung: Hören Sie einfach nur zu

- Versuchen Sie, besonders bei problematischen Themen, Ihrem Partner vollkommen unvoreingenommen zuzuhören. Stellen Sie sich dabei vor, er erzählt Ihnen seine Gedanken zum ersten Mal, ohne die geringste Absicht, Sie verletzen anklagen oder manipulieren zu wollen.

- Geben Sie Ihrem Partner wenn möglich eine Rückmeldung über das, was er Ihnen gerade gesagt hat.

- Wenn es sich um eine Grundsatzdiskussion handelt, fassen Sie mit eigenen Worten noch einmal zusammen, was Sie gehört haben. Sagen Sie zum Beispiel: »Bisher habe ich Folgendes verstanden: …« Denn wir neigen zu selektiver Wahrnehmung, das heißt, wir blenden aus, was nicht in unsere Vorstellung passt, beziehungsweise wir filtern nur das heraus, was wir gern hören wollen.

Achtsam streiten

Wenn wir mit unserem Partner streiten, werden die Worte, die wir benutzen, von Gedanken und Gefühlen bestimmt, die wir in diesem Augenblick haben. Schon eine halbe Stunde später bereuen wir sie meist. Ohne Achtsamkeit lassen wir vielleicht in einem Streit einfach nur unüberlegt Dampf ab.

Besonders dann, wenn wir verletzt und wütend sind, sind unsere Worte oft unangemessen grob. Daher kommt das, was wir eigentlich sagen wollen, beim Partner gar nicht an. Denn er ist so damit beschäftigt, sich zu verteidigen und verbal zurückzuschießen – oder dichtzumachen – dass er die Botschaft hinter unseren Schimpftiraden nicht verstehen kann. Deshalb sollten Sie sich die Wirkung Ihrer Worte immer wieder bewusst machen. Versuchen Sie, besonders in Streitsituationen bestimmte Punkte zu beachten:

1. Erkennen

Sobald Sie bemerken, dass Sie im Verlauf eines Gesprächs mit Ihrem Partner angespannt, gestresst oder ärgerlich werden, sollten Sie eine Atempause einlegen. Halten Sie inne, atmen Sie ein paar Mal ganz bewusst ein und aus (siehe auch Übung Seite 41). Schenken Sie dem, was sich im Augenblick zeigt, Aufmerksamkeit – ohne Bewertung, ohne Kommentar. In dem Moment, in dem Sie erkennen, dass Sie verletzt oder zornig sind, haben Sie schon den ersten Schritt in Richtung Achtsamkeit getan. Indem Sie das Gefühl benennen, gewinnen Sie ein wenig Abstand und können sich für eine andere Reaktion als die erstbeste, spontan-zornige entscheiden.

2. Enthalten

Statt sich also in Wut und Rage zu steigern, bleiben Sie gesammelt bei sich und gehen nicht auf die Impulse ein, die Sie normalerweise laut werden oder eisig schweigen lassen würden. Ihr Atem ist dabei der hilfreiche Anker, der Sie in der Gegenwart hält. Dieser Vorgang verlangt Ihre Willensstärke und Entschlossenheit und erfordert natürlich auch einiges an Übung. Wahrscheinlich werden Sie anfangs noch öfter die Erfahrung machen, dass Sie die Wut in Ihren Worten oder Handlungen zwar erkennen, aber trotzdem von ihr mitgerissen werden. Doch keine Sorge, Sie sind auf dem richtigen Weg, und Ihre Fähigkeit, nicht auf Ihre Impulse einzusteigen, wird mit zunehmender Praxis der Achtsamkeit immer weiter wachsen.

3. Entspannen

Ihrem Ärger oder Ihrer Wut nicht nachzugeben heißt nicht, dass Sie Ihre Gefühle unterdrücken sollen.

Ganz im Gegenteil: Sie geben ihnen Raum, indem Sie mit ihnen atmen. Lassen Sie zu, was in diesem Moment da ist, und versuchen Sie, sich mit der Tatsache, dass Sie wütend sind, zu entspannen. Sie nehmen Ihr Gefühl mithilfe des inneren Beobachters einfach wahr, ohne sich dafür zu verurteilen. Es erfordert auch hier viel Übung anzunehmen, was in Ihnen aufgestiegen ist. Je weniger Sie das Gefühl verurteilen, leugnen oder zu verdrängen versuchen, desto eher können Sie entspannen (siehe Stressreaktion Seite 19). Entspannung kann sich nur dann einstellen, wenn wir das annehmen, was ist. Wenn Sie an diesem Punkt angekommen sind, ist Ihre Wahrnehmung nicht mehr emotional getrübt, und es wird Ihnen besser gelingen, angemessen auf die Situation zu reagieren.

4. Zuhören

Indem Sie auf Ihren Atem achten und die Position des inneren Beobachters einnehmen, entsteht der Raum, Ihrem Partner wirklich unvoreingenommen zuzuhören. Sie sind in der Lage, seine Sicht nachzuvollziehen und seinen Worten gedanklich keine Mutmaßungen und Unterstellungen hinzuzufügen.

5. Antworten

Haben Sie erst einmal zugehört, können Sie erforschen, welcher Weg der beste ist, um eine Lösung für die Situation zu finden. Sie haben jetzt die Möglichkeit, bewusst zu antworten und sich vorher noch folgende Fragen zu stellen: »Will ich einfach nur recht haben?« »Will ich meinem Ärger Luft machen?« »Will ich meinen Partner verletzen, weil er mich wütend gemacht hat?« Wenn Sie spüren, dass der Impuls, zu verletzen oder recht zu haben, stark ist, sollten Sie besser schweigen und mit Ihrem Partner vereinbaren, das Gespräch zu einem anderen Zeitpunkt fortzusetzen. Wenn Sie aber das Gefühl haben, dass Ihre Absichten lösungsorientiert sind, können Sie ihm freundlich und konstruktiv antworten.

Achtsamer Umgang mit Kollegen

Ein voller Terminkalender, gepaart mit zu wenig Bewegung, aber auch drohende Arbeitslosigkeit, Euro- und Konjunkturkrisen sowie zu viel (gedankenloses) Essen – all das sorgt dafür, dass viele Menschen sich gestresst fühlen. Wenn uns dann noch die Kollegin nicht so zuarbeitet, wie wir uns das vorstellen, oder der Chef an unseren Vorschlägen herummäkelt, kann schnell der Eindruck entstehen, dass sich die ganze Welt gegen einen verschworen hat.

Zwei Grundübeln auf der Spur

Im Buddhismus kennt man zwei Grundübel, die mitverantwortlich sind, dass wir uns unglücklich fühlen: Begehren und Angst. Sie sind die Hauptverantwortlichen für Stress im Berufsleben, weil wir immer noch mehr erreichen wollen, um erfolgreicher und zufriedener zu werden. Gleichzeitig treibt uns die Angst um, nicht mehr befördert oder gar entlassen zu werden, nicht gut genug zu sein, um gegen die ehrgeizigere Kollegin oder den dominanten Chef anzukommen, und somit das mühsam Erreichte wieder zu verlieren (siehe auch Seite 23).

Nehmen wir unsere Angst und das Immer-mehr-Wollen nicht wahr, dann laufen wir dauernd vor etwas weg oder irgendetwas hinterher. Sind wir jedoch aufmerksam und wissen um die eigenen Gedanken und Gefühle, können wir spüren, wie die beiden Grundübel unser Handeln durchdringen – und versuchen, das zu ändern.

Erinnerungshilfen

In einer Gesellschaft, in der das Prinzip »Schneller, höher, weiter« an oberster Stelle steht, ist es schwer, achtsam zu sein – es bleibt ja kaum Zeit dazu, und das herrschende geistige Klima unterstützt eine solche Haltung auch nicht. Somit müssen Sie sich selbst dahingehend motivieren, möglichst achtsam mit sich, Ihren Kollegen oder Kunden umzugehen.

Thich Nhat Hanh hat in seinem Kloster in Südfrankreich auf den Computern seiner Mitarbeiter ein Glockenläuten installieren lassen. Es erinnert sie alle 15 Minuten daran, einen Moment innezuhalten, um sich zu sammeln und sich wieder ganz bewusst auf den gegenwärtigen Moment zu konzentrieren. Vielleicht möchten Sie lieber Zettel an Ihr Telefon oder an den Computer kleben mit der Aufschrift »Achtsam sein« oder auch den Tipp auf Seite 94 beherzigen. Probieren Sie es einfach mal aus.

Achtsame Zusammenarbeit

Achtsamkeit zielt nicht nur darauf ab, innere Zufriedenheit zu erlangen, sondern auch mit anderen Menschen in Frieden zu leben und einen entsprechenden Umgang mit ihnen zu pflegen. Dies ist nicht nur in einer Paarbeziehung oder innerhalb der Familie wichtig, sondern gerade in der heutigen Zeit auch im Arbeitsleben essenziell. Negative Eigenschaften wie Konkurrenzdenken, Intoleranz, Neid und Missgunst lassen sich durch einen achtsamen, nicht wertenden Umgang wieder in positive wie Zusammen-

> *»Der Schlüssel ist die Veränderung unserer Gewohnheiten, insbesondere unserer geistigen Gewohnheiten.«*
> Pema Chödrön

Tipp: Treppen steigen

Durch die Gehmeditation haben Sie gelernt, achtsam Schritt für Schritt zu gehen. Nutzen Sie das Treppensteigen bewusst als kleine Achtsamkeitsübung: Den Weg zum Chef, in die Kantine oder zum Besprechungsraum können Sie gut zu Fuß gehen, statt mit dem Aufzug zu fahren. Gehen Sie dann ganz achtsam Schritt für Schritt. Diese kleine, aber wirkungsvolle Auszeit hilft Ihnen, sich zu sammeln und frisch im Hier und Jetzt anzukommen.

arbeit, gegenseitiges Verständnis, Respekt und Toleranz umwandeln. Am Arbeitsplatz eine gewisse Achtsamkeit zu entwickeln fällt den meisten Menschen sehr schwer, weil sie glauben, dass das zu viel Zeit kostet. Doch Sie werden schnell merken, dass Sie im Gegenteil Zeit sparen, wenn Sie bei Ihren Aufgaben präsenter sind und auch für die Kollegen mehr Aufmerksamkeit entwickeln. Gespräche, die zum Beispiel schnell zwischen Tür und Angel geführt werden, führen oft zu Missverständnissen und Fehlern und daher zu Verzögerungen und Mehraufwand.

Balance finden

Wenn Sie lernen, achtsamer zu werden, werden Sie vielleicht dadurch zum ersten Mal das Bedürfnis entwickeln, sich in Ihrer Freizeit ab und an zurückzuziehen, weil Sie mehr auf Ihren Körper und auf seinen Wunsch nach Entspannung und Ruhe hören. Sie werden dadurch lernen, von den Reizen der Außenwelt unabhängiger zu werden. Lassen Sie auch öfter mal Telefon, Handy, Computer und Fernseher bewusst ausgeschaltet und nehmen Sie stattdessen achtsam Ihre Gefühle und Gedanken wahr. Ein aufmerksamerer Umgang mit

- Verabreden Sie sich mit Ihrem Kollegen, wenn Sie etwas zu besprechen haben.
- Schließen Sie die Tür, schalten Sie das Handy ab, und richten Sie eine Tasse Tee oder Kaffe für Sie beide her. So sorgen Sie dafür, dass der Raum entsteht, die Dinge in Ruhe zu besprechen.
- Versuchen Sie, mit Ihrer ganzen Aufmerksamkeit bei dem Gespräch zu bleiben.
- Sobald Sie bemerken, dass Sie gedanklich aussteigen, atmen Sie einmal tief ein und aus, straffen ein wenig die Haltung, und holen sich auf diese Weise wieder in den gegenwärtigen Moment zurück. Schenken Sie Ihren Kollegen oder Kunden die gleiche Aufmerksamkeit, mit der Sie selbst behandelt werden möchten.

äußeren Reizen kann Sie darin unterstützen zu regenerieren, damit Sie verarbeiten können, was in der Arbeitswelt auf sie einprasselt.

Im Einklang sein

Wirklich auftanken für die Arbeit können Sie, wenn Sie sich wieder als Einheit aus Körper, Geist und Seele wahrnehmen. Denn erst dann entwickeln Sie die notwendige Achtsamkeit, um die Bedürfnisse Ihres Körpers wahrzunehmen – und zu erfüllen. So werden Sie zum Beispiel das Ziehen im Nackenbereich spüren und ernst nehmen, bevor Sie sich vor lauter Verspannung kaum mehr bewegen können. Auf lange Sicht bleiben Sie gesünder, weil der Körper sich dann die Regeneration, die ihm fehlt, nicht mehr durch Kranksein holen muss.

Übung: Offline sein

Schalten Sie Ihr iPhone heute in der Mittagspause oder an diesem Wochenende aus, und beobachten Sie, welche Gedanken und Gefühle dabei aufsteigen:

1. Fühlen Sie sich von der Außenwelt abgeschnitten?
2. Haben Sie Angst, etwas zu verpassen?
3. Was passiert körperlich, wenn Sie nicht permanent erreichbar sind?
4. Was verändert sich in Bezug auf die Wahrnehmung des gegenwärtigen Moments, wenn Sie nicht dauernd abgelenkt werden?

Gerade in stressigen Zeiten sollten Sie diese kleine Übung des Innehaltens und In-sich-Hineinhorchens öfter machen. So gewinnen Sie Distanz und verlieren das Hier und Jetzt nicht aus den Augen.

Mehr Qualität erfahren

Durch den achtsamen Umgang mit sich selbst werden Sie auch wieder mehr Freude an der Arbeit und am Umgang mit Ihren Kollegen entwickeln, Ihre Kreativität und Ihre Empathiefähigkeit steigern sich gleichermaßen. Und schon bald wird Ihr Umfeld auch auf Ihr entspannteres Verhalten positiv reagieren, und das Arbeitsklima wird sich insgesamt verbessern.

Dankbarkeit und Wertschätzung entwickeln

Beginnen wir in unseren Beziehungen, egal ob privat oder beruflich, ein höheres Maß an Achtsamkeit zu entwickeln, dann betrachten wir auch unser Leben und das, was es uns schenkt, mit anderen Augen. Dies ist eine wundervolle Begleiterscheinung, die sich durch die Achtsamkeit allmählich einstellt.

Denn vieles nehmen wir heutzutage als selbstverständlich hin: dass der Metzger sämtliche Salamisorten Italiens im Angebot hat, die Müllabfuhr zuverlässig beseitigt, was wir wegwerfen, und der Zug auf die Minute pünktlich einfährt. Bekommen wir nicht sofort alles, was wir möchten, reagieren wir schnell pampig und vorwurfsvoll. Selbst unseren Körper betrachten wir oft als eine Maschine, die 24 Stunden am Tag zu funktionieren hat. Werden wir krank, erkennen wir schlagartig, wie wertvoll ein gesunder Körper ist. Je achtsamer wir mit ihm umgehen, desto mehr lernen wir, jeden Sinn, jedes Organ als ein einzigartiges Meisterwerk zu schätzen. Die folgende Übung können Sie überall machen, ob in der U-Bahn oder im Bett.

Übung: Dem Körper danken

- Entspannen Sie sich und schließen Sie die Augen. Gehen Sie mit Ihrer Aufmerksamkeit zu den Füßen.
- Lächeln Sie dem rechten Fuß zu. Verweilen Sie drei Atemzüge dort. Gehen Sie dann achtsam mit Ihrer Wahrnehmung höher zur Wade und lächeln Sie auch ihr zu. Dann weiter zum Knie. Schicken Sie ihm ein kleines Extra-Lächeln als besonderes Dankeschön. Wie viel hält dieses Kniegelenk für Sie aus!
- Weiter geht's zum Oberschenkel, zum Beckenboden, zum Geschlecht und nacheinander zu allen Regionen des Körpers.
- Machen Sie sich an jeder Stelle mit ein paar Atemzügen bewusst, was Ihr Körper alles für Sie tut.
- Danken Sie ihm mit Ihrer Aufmerksamkeit.

Der Wert der Dankbarkeit

Wir alle kennen diese Tage, an denen unser Leben nur aus Mängeln zu bestehen und nichts zu funktionieren scheint. Dabei bietet uns die Welt so viel Kostbares, was wir zu oft als selbstverständlich hinnehmen. In solchen Zeiten wirkt eine Dankbarkeitsliste Wunder.

Genauso selbstverständlich wie mit unserem Körper oder den alltäglichen Annehmlichkeiten des Lebens (vom sauberen Leitungswasser bis hin zum üppigen Supermarktangebot) gehen wir oft auch mit unseren Mitmenschen um: unserer Familie, unseren Partnern, Freunden, Kollegen, Angestellten und Chefs. Wir nehmen ihre

Übung: Einfach dankbar sein

- Setzen Sie sich bequem hin und atmen Sie tief ein und aus. Legen Sie eine Hand auf Ihre Herzregion und lassen Sie Ihr Herz sprechen – nicht Ihren Kopf. Denn es geht nicht darum, nach moralischen Maßstäben zu beurteilen, wofür Sie dankbar sein sollten. Das führt womöglich nur zu Schuldgefühlen.
- Bei welchen Gedanken und Erinnerungen wird Ihnen warm ums Herz? Für welche Umstände, Fähigkeiten und Talente sind Sie dankbar?
- Wenn Sie bereit sind, schreiben Sie auf, welche Gründe für Dankbarkeit es in Ihrem Leben gibt. Nennen Sie mindestens zwanzig.
- Lesen Sie diese Liste in den nächsten Tagen täglich durch und spüren Sie, wie reich Ihr Leben ist.
- Ergänzen Sie die Liste, wann immer Ihnen neue Aspekte bewusst werden.

> *»Dankbarkeit ist eine wichtige spirituelle Quelle, die wir entwickeln können.«*
>
> Godwin Samararatne

Gegenwart, ihre Unterstützung, ihre Loyalität und Liebe als gegeben hin. Erst im Moment eines Verlusts merken wir plötzlich, welche Lücke in unserem Leben entsteht. Hinzu kommt, dass wir in einer Gesellschaft leben, die uns permanent vermittelt, dass es irgendwo immer noch etwas Besseres, Schöneres, Außergewöhnlicheres gibt als das, was wir bereits haben. Und so kann es schnell passieren, dass unser Lebensgefährte, unser Kollege oder unser Squashpartner uns nicht als der Ideale erscheint, wir dementsprechend unzufrieden sind und ihn das auch spüren lassen.

Die positiven Seiten sehen

Sind Sie hingegen achtsam und dankbar für Ihren Partner, Ihre Kollegen oder Ihren Vorgesetzten, nehmen Sie deren positive Seiten viel eher wahr als deren Schwächen. Besonders bei unserem Partner kennen wir die problematischen Seiten meist ziemlich gut. Sofort registrieren wir, dass er die leere Klopapierrolle hat liegen lassen, statt sie durch eine neue zu ersetzen, oder dass sein Geschirr wieder nicht in der Spülmaschine gelandet ist. Der Blick auf das Negative führt schnell zu Krisen. Sind Sie hingegen diesbezüglich achtsam und versuchen, die positiven Seiten in den Vordergrund zu stellen, dann werden Sie viel eher bemerken, dass Ihr Partner für Sie da ist, wenn Sie ihn brauchen, Sie in den Arm nimmt oder zum Lachen bringt, wenn Sie traurig oder deprimiert sind. Je achtsamer Sie sich selbst, anderen und dem Leben gegenüber

Tipp: Danken Sie Ihrem Partner

Was unser Partner uns gibt, egal ob materiell oder ideell, ist keine Selbstverständlichkeit, und wir sollten immer wieder die Zeit finden, uns dessen gemeinsam bewusst zu werden. Verabreden Sie sich in regelmäßigen Abständen, je nachdem, wie intensiv Sie die Dankbarkeit üben möchten: alle drei Monate, alle sechs Wochen, alle vierzehn Tage oder einmal in der Woche. Nutzen Sie diese Treffen nur dafür, gemeinsam den Blick darauf zu richten, wofür sie einander dankbar sind. Gehen Sie zusammen den jeweiligen Zeitraum durch und teilen Sie sich gegenseitig mit, wofür Sie sich bedanken möchten.

Wenn Sie am Ende Ihres Gesprächs das Gefühl haben, dass es auch etwas gibt, wofür Sie Dank verdient hätten, ihn aber nicht erhalten haben, so sprechen Sie das ebenfalls aus und tauschen Sie sich hierüber mit Ihrem Partner aus.

sind, desto mehr erkennen Sie die vielen kleinen Momente, die das Leben so lebenswert machen: ein Lachanfall mit der netten Kollegin oder die Loyalität des Chefs in einer schwierigen Situation mit unzufriedenen Kunden: Warum nicht dankbar dafür sein? Empfinden Sie nämlich für das, was Ihnen gerade passiert, Dankbarkeit, wird das Leben sofort viel schöner.

Wertschätzung und Dankbarkeit entwickeln

Dankbarkeit will allerdings geübt sein, denn gerade dann, wenn der Partner nach dem Duschen das Bad wieder einmal nicht sauber gemacht hat, fällt es uns in der Regel schwer, daran zu denken, dass er eben andere Stärken hat.

Wenn Sie Dankbarkeit anderen Menschen gegenüber kultivieren

möchten, sollten Sie ihnen sagen, was Sie an ihnen schätzen oder wofür Sie besonders dankbar sind. Vielleicht gehen Sie davon aus, dass Ihr Freund ohnehin weiß, wie sehr Sie sich darüber gefreut haben, dass er Ihnen die Winterreifen aufgezogen hat. Tatsächlich aber weiß er dies wahrscheinlich nicht. Und selbst wenn er es sich denken kann, hat es eine andere Qualität, wenn Sie ihm ein kleines »Dankeschön!« mit auf den Weg geben oder ihm irgendwann mal ein kleines Geschenk dafür machen. Dankbarkeit zu entwickeln schärft übrigens auch die Wertschätzung für jene Eigenschaften Ihres Partners, die Sie glücklich machen und deshalb genau diesen Menschen lieben lassen.

Aufwind für die Beziehung

Achtsamkeit hilft Ihnen, sich Ihrer eigenen Gedanken und Gefühle bewusster zu werden. Beobachten Sie doch einmal genau, wann Sie das negative Verhalten Ihres Partners verurteilen, statt ihm wohlwollend zu begegnen. Je achtsamer Sie in dieser Hinsicht werden, desto häufiger werden Sie wahrscheinlich erkennen, dass Sie die Dinge oft negativer sehen, als angemessen ist. Dies ist natürlich schwierig in Zeiten, in denen wir uns viel über alltägliche Kleinigkeiten streiten oder wenn wir uns gerade in einer größeren Krise befinden. Aber gerade hier kann Ihnen die Dankbarkeit helfen, den Wert Ihrer Beziehung wieder zu erkennen, um in positives Fahrwasser zu kommen.

»An seinem Ärger festzuhalten ist genauso wie eine glühende Kohle in die Hand zu nehmen, um sie nach jemandem zu werfen; du bist derjenige, der sich verbrennt.« Tschuang-Tse

Die Kraft der Wertschätzung

Dankbarkeit und Wertschätzung liegen nah beieinander. Wenn wir den anderen nicht für selbstverständlich nehmen, sondern die Tatsache schätzen, dass er an unserer Seite ist, wird es uns leichter fallen, ihn so, wie er ist, mit all seinen Eigenarten, Ecken und Kanten anzunehmen. Gerade in der Partnerschaft stellt Wertschätzung eine große Herausforderung dar, da wir rund um die Uhr und jeden Tag aufs Neue mit all den kleinen und großen Macken und Eigenarten des

anderen konfrontiert werden. Vielleicht klingt es für Sie wie ein schlechter Witz, Ihren Partner wertzuschätzen, obwohl er nie kocht und sich in der Freizeit meist hinter seinen Laptop klemmt oder Fußballspiele im Fernsehen anschaut. Doch wenn Sie seine Macken stehen lassen können, ohne sich in Ärger hineinzusteigern, wird es Ihnen dennoch gelingen. Wertschätzung hat viel mit Wohlwollen und Achtung dem anderen gegenüber zu tun und zeigt, dass Sie wirklich an ihm interessiert sind. Auch in der Arbeitswelt spielt Wertschätzung in Form von Lob eine

Tipp: Sagen Sie Stopp!

Wenn Sie bemerken, dass Sie Ihren Lebensgefährten, Kollegen oder Ihre Freundin innerlich kritisieren, abwerten, verurteilen oder ablehnen, weil er oder sie sich nicht so verhält, wie Sie es sich wünschen, dann sagen Sie einfach: »Stopp!« und atmen Sie ein paar Mal tief ein und aus. Dadurch können Sie aus der negativen Gedankenschleife aussteigen. Erinnern Sie sich stattdessen an etwas an diesem Menschen, wofür Sie dankbar sind.

Formulieren Sie die Stärken Ihres Partners, eines Kollegen oder einer Freundin. Beantworten Sie dazu folgende Fragen:

- Was mögen Sie an ihm/ihr besonders? Was sind seine/ihre besonderen Vorzüge, Fähigkeiten und Qualitäten?
- Worauf können Sie bei ihm/ihr sogar stolz sein?
- Was haben Sie an ihm/ihr sofort geschätzt, als Sie sich kennenlernten?

Schreiben Sie alles auf, was Ihnen zu diesen Fragen einfällt, und heben Sie die Notizen auf, damit Sie sich die positiven Dinge in einer schwierigen Phase schnell wieder ins Gedächtnis rufen können.

---

wichtige Rolle. Lob motiviert und macht zufriedener, weil es uns das Gefühl gibt, dass unsere Arbeit sinn- und wertvoll ist. Loben Sie also Ihren Partner, Ihre Freunde oder Ihre Kollegen hin und wieder. Schon ein »Das machst du echt gut!« oder »Ich bin so dankbar, dass Sie immer mitdenken« kann das Herz weiten. Sehr wahrscheinlich werden Sie in Ihrem Umfeld schnell positive Veränderungen erleben. Nette Worte und Gesten fühlen sich einfach grundlegend ganz an-ders an, als wenn ständig an uns herumkritisiert wird. Wertschätzung wirkt deshalb per se heilsam, entlastend und motivierend zugleich und bringt uns dazu, unsere vorhandenen Stärken weiterzuentwickeln oder schlummernde Fähigkeiten zu wecken.

Um Wertschätzung zu pflegen und zu kultivieren, ist wieder viel Achtsamkeit nötig. Wahrscheinlich wird es nicht von heute auf morgen gelingen, aber auch hier gilt: Übung macht den Meister.

Auf dem Weg
der Achtsamkeit
bleiben

Um achtsam zu bleiben, brauchen Sie neben Neugier und Offenheit vor allem Geduld.

SICH AUF DEN WEG ZU MEHR ACHTSAMKEIT ZU BEGEBEN heißt auch zu akzeptieren, dass es nicht immer direkt vorangeht. Wir denken, bewerten und reagieren schon seit Jahrzehnten auf die gleiche Art und Weise – kein Wunder, dass wir nicht von heute auf morgen alle alten Muster über Bord werfen können. **Achtsamkeit ist ein Prozess, ein lebenslanger Weg, der uns jedoch mit jedem Schritt unserem wahren Selbst und einem erfüllteren Leben näherbringt.** Die folgenden Achtsamkeitsprogramme möchten Sie dabei unterstützen, am Ball zu bleiben. Sie finden zahlreiche Alternativen, die Sie frei miteinander kombinieren können. So können Sie entscheiden, ob Sie ein kurzes Alltagsprogramm oder ein ausführliches Programm über acht Wochen hinweg machen möchten oder beide nacheinander praktizieren wollen. Genauso gut können Sie ein vierwöchiges Programm machen, das auf Ihren Test-Typ zugeschnitten ist. **Sie entscheiden, was Ihnen guttut, denn durch den achtsameren Umgang mit sich selbst erkennen Sie viel besser, was Sie brauchen.** Diese Programme können Ihnen auch helfen, schneller wieder in die Praxis zu kommen, wenn Sie Ihre Alltagsübungen vernachlässigt haben oder schon länger nicht mehr beim Meditieren saßen – beginnen Sie einfach wieder aufs Neue!

So geht es weiter

Sie haben nun hoffentlich in Sachen Achtsamkeitspraxis Feuer gefangen und möchten vielleicht sogar ein intensiveres Achtsamkeitstraining in Ihren Alltag integrieren. Basierend auf den traditionellen Achtsamkeitsmeditationen können Sie mithilfe der Vorschläge auf den nächsten Seiten ein achtwöchiges Programm absolvieren, das täglich zwischen 20 und 40 Minuten in Anspruch nimmt – je nachdem, ob Sie sich für das Alltagsprogramm oder das ausführliche Programm entscheiden.

Sie können jedoch alternativ auch mit einem Programm beginnen, das auf Ihren Typ zugeschnitten ist, den Sie im ersten Kapitel ermittelt haben. Diese vierwöchigen Spezial-Programme finden Sie ab Seite 111. Planen Sie dafür am besten rund eine Stunde pro Tag ein – wobei Sie sich allem natürlich gern auch länger oder weniger zeitintensiv widmen können.

Achtsamkeitstraining: Acht-Wochen-Übungsplan

Beginnen Sie mit dem folgenden Programm am besten im Urlaub oder in einer Zeit, in der Sie sich Freiräume schaffen können, um alle zwei bis drei vorgeschlagenen Meditationen und Übungen auch jeden Tag kontinuierlich durchzuführen. Wie Sie dabei vorgehen möchten, bleibt ganz Ihnen überlassen. Sie können die nächsten acht Wochen das komplette Alltagsprogramm absolvieren, Sie können aber genauso gut mit dem Alltagsprogramm beginnen und nach vier Wochen auf das ausführliche umsteigen. Wenn Sie das Gefühl haben, direkt mit einer intensiven Praxis starten zu wollen, so können Sie natürlich auch gleich mit dem ausführlichen Programm anfangen.

Möglichst regelmäßig üben

Allerdings ist es empfehlenswert, die Achtsamkeitspraxis lieber langsam und kontinuierlich aufzubauen, als sie für nur wenige Wochen zu praktizieren und dann ganz fallen zu lassen, weil man sich überfordert fühlt. Denken Sie daran: Achtsamkeit ist eine Lebensweise und ein Übungsinstrument zugleich. Sie dient dazu, ein achtsames Denken und Handeln einzuüben. Und zwar von Moment zu Moment.

Sollten Sie zwischendurch einmal partout keine Zeit haben, dann wählen Sie einfach an diesem Tag oder in der entsprechenden Woche das Alltagsprogramm und führen danach wieder das ausführliche fort. Es ist auf jeden Fall effektiver, nur das kurze Programm durchzuführen, als ganz auszusetzen, weil dann leicht die Gefahr besteht, dass man zu schludern beginnt und schließlich ganz aufhört.

Sollten Sie im Laufe der Übungspraxis im Plan Wiederholungen finden, dann wird Ihr Verstand vielleicht sagen: »Kenn ich doch schon! Wie langweilig!«

Im Sinne des Zen vorgehen

Denken Sie daran: Bei der Achtsamkeit geht es um das Tun selbst und besonders darum, jeden Moment unvoreingenommen an die Übungen heranzugehen, ganz im Sinne des Zen: »Zengeist ist Anfängergeist.« Das heißt, dass wir uns eine innere Haltung aneignen, aus der heraus wir Dinge immer wieder neu und frisch angehen, so als würden wir eine Übung zum allerersten Mal in unserem Leben machen. Denn nur dann sind wir neugierig, offen und wach. Sobald wir etwas regelmäßig tun, besteht die Gefahr, dass wir es automatisch und gedankenlos abwickeln. Aus diesem Grund heißt es auch: »Achtsamkeitsgeist ist Anfängergeist.«

> *»Ein Baum, der umfällt, macht mehr Lärm als ein Wald, der wächst.«* Chinesisches Sprichwort

Das Acht-Wochen-Programm

● Woche 1

Alltagsprogramm
circa 20 Minuten täglich
Übung: Den Atem beobachten
(10 Min., Seite 40)
Übung: Achtsame Fußmassage
(8 Min., Seite 74)

Ausführliches Programm
circa 40 Minuten täglich
Traditionelle Achtsamkeitsmeditation (20 Min., Seite 43)
Übung: Bissen für Bissen genießen (10 Min., Seite 66)
Übung: Offline sein (10 Min.,
zum Beispiel in der Frühstücks-
oder Mittagspause, Seite 96)

● Woche 2

Alltagsprogramm
circa 20 Minuten täglich
Übung: Gedanken wie Wolken
ziehen lassen (10 Min., Seite 55)
Übung: Achtsames Duschen
(8 Min., Seite 69) oder Teilmas-
sage (10 Min., Seite 72)

Ausführliches Programm
circa 30 Minuten täglich
Traditionelle Achtsamkeits-
meditation (20 Min., Seite 43)
Übung: Der Berg (10 Min.,
Seite 75)

● Woche 3

Alltagsprogramm
circa 20 Minuten täglich
Übung: Viele gute Lehrer
(10 Min., Seite 87)
Übung: Offline sein (10 Min.,
zum Beispiel in der Frühstücks-
oder Mittagspause, Seite 96)

Ausführliches Programm
circa 30 Minuten täglich
Achtsamkeitsmeditation und
Gedanken (20 Min., Seite 57)

Übung: Achtsam spazieren
gehen (10 Min., Seite 78)

● Woche 4

Alltagsprogramm
circa 15 Minuten täglich
Übung: Gut oder schlecht?
(10 Min., Seite 53)
Übung: Der Mini-Bodycheck
(5 Min., Seite 48)

Ausführliches Programm
circa 40 Minuten täglich
Achtsamkeitsmeditation und
Körperempfinden (20 Min.,
Seite 51)
Übung: Achtsame Gesichtsmas-
sage (8 Min., Seite 70)
Übung: Viele gute Lehrer
(10 Min., Seite 87)

● Woche 5

Alltagsprogramm
circa 15 Minuten täglich
Übung: Den Atem beobachten
(10 Min., Seite 40)
Übung: Wartezeiten nutzen
(5 Min., Seite 76)

Ausführliches Programm
circa 40 Minuten täglich
Viele gute Lehrer (10 Min.,
Seite 87)
Übung: Offline sein (10 Min.,
zum Beispiel in der Frühstücks-
oder Mittagspause, Seite 96)
Achtsamkeitsmeditation und
Gedanken (20 Min., Seite 57)

● Woche 6

Alltagsprogramm
circa 20 Minuten täglich
Übung: Gedanken wie Wolken
ziehen lassen (10 Min., Seite 55)

Übung: Sprechen Sie von sich (Seite 88)

Ausführliches Programm
circa 40 Minuten täglich
Achtsamkeitsmeditation und Gefühle (20 Min., Seite 60)
Übung: Schluck für Schluck genießen (8 Min., Seite 65)
Übung: Sprechen Sie von sich (Seite 88)

● **Woche 7**

Alltagsprogramm
circa 20 Minuten täglich
Übung: Gedanken wie Wolken ziehen lassen (10 Min., Seite 55)
Übung: Offline sein (10 Min., zum Beispiel in der Frühstücks- oder Mittagspause, Seite 96)

Ausführliches Programm
circa 30 Minuten täglich
Übung: Den Atem beobachten (10 Min., Seite 40)

Traditionelle Gehmeditation (20 Min., Seite 63)

● **Woche 8**

Alltagsprogramm
circa 15 Minuten täglich
Übung: Den Atem beobachten (10 Min., Seite 40)
Übung: Dem Körper danken (5 Min., Seite 97)

Ausführliches Programm
circa 40 Minuten täglich
Traditionelle Achtsamkeitsmeditation (20 Min., Seite 43)
Übung: Bissen für Bissen genießen (10 Min., Seite 66)
Offline sein (10 Min., zum Beispiel in der Frühstücks- oder Mittagspause, Seite 96)

Vier-Wochen-Programm für Ihren Typ

Auf den folgenden Seiten werden noch einmal die vier verschiedenen Charaktere aus dem Test im ersten Kapitel aufgegriffen (siehe ab Seite 10). Jeder Typ erhält ein zu ihm passendes Vier-Wochen-Programm, in dem er die für ihn am besten geeigneten Übungen aus dem Praxiskapitel findet und dessen wichtigster Punkt darin besteht, ein Achtsamkeitstagebuch zu führen. Kaufen Sie sich also ein hübsches Buch, das Sie optisch anspricht und animiert, jeden Abend anhand bestimmter Fragestellungen den Tag Revue passieren zu lassen. Durch das Schreiben wird Ihnen viel bewusster, was Sie bewegt, und Sie kommen Ihren tiefer liegenden Denk- und Verhaltensmustern leichter auf die Schliche. Ob Sie zusätzlich täglich die Alltagsübungen oder die ausführlichen Übungen machen wollen, entscheiden Sie. Auf jeden Fall wird es Ihnen auf diese Weise nach und nach gelingen, jene Muster zu erkennen und zu überwinden, die Sie bis jetzt an einem glücklicheren Leben hindern.

Typ Diva

Da Sie sehr von der Bewunderung durch andere abhängig sind, ist es für Sie hilfreich, durch die Achtsamkeitsübungen mit Ihrem Inneren in Kontakt zu kommen. Dadurch erkennen Sie, dass nur Sie selbst sich die Liebe geben können, nach der Sie sich sehnen, und dass Sie nicht auf die Aufmerksamkeit von außen angewiesen sind. Sie können endlich entspannen, weil Sie nicht länger die Hauptrolle auf der Bühne zu spielen brauchen. Darüber hinaus werden Sie durch Achtsamkeit eine ganz neue Sicht auf Ihre Mitmenschen bekommen. Besonders dann, wenn Sie anderen bedingungslos und wertfrei zuhören, erkennen Sie, dass *jeder* Mensch einzigartig ist und dass Sie viel von anderen lernen können.

Das Achtsamkeitstagebuch

Das Schreiben bringt Sie besser mit Ihren Körperempfindungen, Ihren Gefühlen und Gedanken in Kontakt. Es hilft Ihnen, genauer auf den Tag zurückzublicken und wahrzunehmen, wann Sie wieder nach einer Bühne gesucht haben und wo es Ihnen gelungen ist, bei sich zu bleiben. Versuchen Sie, aus dem, was Sie erlebt haben, keine großartigen Geschichten zu machen. Seien Sie einfach offen und vor allen Dingen beurteilen Sie Ihre Erlebnisse nicht (siehe dazu auch Grundlagen, Seite 33). Das Ziel besteht darin zu erkennen, wann Sie schon authentisch waren und wie es Ihnen gelingen kann, dies mehr und mehr zu werden.

Schreiben Sie vier Wochen lang jeden Abend Antworten zu den folgenden Fragen auf, ohne zu bewerten. Seien Sie so ehrlich wie möglich sich selbst gegenüber.

- Gab es heute Situationen, in denen ich allein war und mich trotzdem wohlgefühlt habe?
- Ist es mir gelungen, einen anderen Menschen zu loben oder wertzuschätzen?
- Habe ich heute irgendwann keine besondere Aufmerksamkeit bekommen und bin trotzdem mithilfe einer Achtsamkeitsübung gelassen geblieben beziehungsweise habe mich angenommen gefühlt?
- Ist es mir gelungen, gelassen mit Kritik umzugehen?
- Habe ich mir etwas Gutes getan und mir selbst die Aufmerksamkeit geschenkt, die ich sonst immer von anderen brauche?

Bleiben Sie dran!

Wenn Sie merken, dass Sie die Übungen vernachlässigt haben, weil es Ihnen zu langweilig wird, da Sie von niemandem dafür bewundert werden, dann stellen Sie dies einfach fest und beginnen Sie erneut. In dem Moment, in dem Sie wahrgenommen haben, wie sehr Sie von der Bewunderung anderer abhängig sind, haben Sie schon einen Fortschritt in der

Übungsprogramm für Diven

<table>
<tr><td>

Alltagsübungen

circa 25 Minuten täglich

- Den Atem beobachten (5 Min., Seite 40)
- Stärken der anderen wertschätzen (5 Min., Seite 103)
- Offline sein (8 Min., Seite 96)
- Viele gute Lehrer (8 Min., Seite 87)

</td><td>

Ausführliche Übungen

circa 40 Minuten täglich

- Achtsamkeitsmeditation und Gedanken (20 Min., Seite 57)
- Gut oder schlecht? (10 Min., Seite 53)
- Sprechen Sie von sich (Seite 88)

</td></tr>
</table>

Achtsamkeitspraxis gemacht. Loben Sie sich dafür! Und machen Sie sich bewusst, dass mehrere Anläufe normal sind – das gilt auch für die anderen Typen im Buch.

Der/Die Leistungsorientierte

Da Sie davon überzeugt sind, dass Sie nur dann eine Daseinsberechtigung haben, wenn Sie etwas leisten, wird es besonders heilsam sein zu erleben, dass auch Sie das Leben genießen dürfen! Deshalb ist es für Sie sinnvoll, Ihren Gedanken auf die Schliche zu kommen und zu erkennen, wann Sie wieder vorrangig damit beschäftigt sind, auf Leistung und Ergebnisse zu achten. Es wird für Sie eine angenehme Erfahrung sein, wenn Sie nicht immer alles bewerten. Je mehr Zugang Sie zu Ihren eigenen Gefühlen bekommen, umso mehr realisieren Sie, dass Sie nicht nur funktionieren müssen, um von anderen wertgeschätzt zu werden.

Das Achtsamkeitstagebuch

Das Tagebuch unterstützt Sie darin, mehr mit sich selbst in Kontakt zu kommen. Es geht also nicht darum, dass Sie ein Protokoll schreiben und Ihre Tagesleistungen aufführen, sondern darum, sich für die Wunder und die Schönheit des Lebens zu öffnen. Diese können Sie erst dann erkennen, wenn Sie nicht hinter allem ein Ziel suchen, sondern gemäß der Achtsamkeit Ihr Leben neugierig erforschen. Achten Sie darauf, dass Sie nicht jede Handlung bewerten (siehe dazu auch Grundlagen, Seite 33), sondern offen und annehmend die Denk- und Verhaltensmuster anschauen, die sich Ihnen durch die Achtsamkeit zeigen werden. Beantworten Sie vier Wochen lang jeden Abend schriftlich die nun folgenden Fragen. Indem Sie kurz innehalten und die Konzentration auf den Atem lenken, bevor Sie losschreiben, können Sie lernen, bewusster zu antworten. Vielleicht tauchen Gefühle zu den jeweiligen Situationen auf, die Ihnen helfen, auf einer noch tieferen Ebene mit sich in Kontakt zu kommen.

- Gab es heute eine Situation, in der es mir gelungen ist, einen Moment einfach nur zu genießen?
- Habe ich mich heute schon wertgeschätzt für etwas, das ich vollbracht habe?
- Gab es eine stressige Situation, in der ich mich an eine Achtsamkeitsübung erinnert und diese gemacht habe?
- Ist es mir heute gelungen, einem Menschen völlig wertfrei zu begegnen?
- Habe ich heute nur so viel Sport getrieben oder gearbeitet, wie es mir guttat?

Nicht aufgeben!

Schnell werden Sie ein Gespür dafür entwickeln, wann Sie unachtsam werden und nur funktionieren. Und sollten Sie einmal vergessen zu üben, dann verurteilen Sie sich nicht, dass Sie es nicht perfekt gemacht haben. Schaffen Sie sich immer wieder kleine Inseln der Achtsamkeit, ohne eine Kosten-Nutzen-Rechnung aufzustellen.

Übungsprogramm für Leistungsorientierte

Alltagsübungen

circa 20 Minuten täglich

- Den Atem beobachten (10 Min., Seite 40)
- Bissen für Bissen genießen (8 Min., Seite 66)
- Dem Körper danken (5 Min., Seite 97)

Ausführliche Übungen

circa 40 Minuten täglich

- Achtsamkeitsmeditation und Gedanken (20 Min., Seite 57)
- Achtsamkeitsmeditation und Gefühle (10 Min., Seite 60)
- Achtsame Körpermassage (8 Min., Seite 72)

Und bleiben Sie neugierig! Im Laufe der Zeit werden Sie erkennen, dass das Leben viele wunderschöne Momente für Sie bereithält, ohne dass Sie etwas Besonderes dafür leisten müssen.

Der/Die Unsichere

Ihrem Lebensmotto entsprechend, dass Sie erst liebenswert sind, wenn andere Sie anerkennen, haben Sie nicht gelernt, Ihre eigenen Körperempfindungen, Gefühle und Bedürfnisse wahrzunehmen. Deshalb ist es für Sie sinnvoll, Übungen zu machen, die Ihnen helfen, Ihre eigenen Grenzen kennenzulernen. Wenn Sie diese nicht kennen, laufen Sie Gefahr, sich selbst zu etwas anzutreiben, was Ihnen nicht bekommt. Ein achtsamer Umgang mit sich selbst wird Sie darin schulen, genauer wahrzunehmen, was Ihnen in verschiedenen Situationen guttut und was Sie lieber lassen sollten. Im Einklang mit Ihrem Körper zu sein kann Sie darin unterstützen, mit sich selbst im Einklang zu sein. Sie erkennen, was Sie wirklich brauchen und was Sie nährt. Gleichzeitig werden Sie mit der Zeit herausfinden, dass Sie je nach Situation auch Grenzen ändern und verschieben können. Sie haben, wie jeder andere Mensch auch, das Recht »Nein!« zu sagen, und brauchen sich nicht zu fürchten, deshalb nicht mehr gemocht oder geliebt zu werden.

Das Achtsamkeitstagebuch

Ihr Tagebuch dient dazu, auf den Tag zurückzublicken. Folglich sollten Sie auch nur einmal täglich, und zwar abends, hineinschreiben, ohne das, was Ihnen passiert ist, zu bewerten (siehe dazu auch Grundhaltungen, Seite 33). Das Ziel besteht darin, Ihr automatisches Handeln zu erkennen und Ihr Bewusstsein zu verfeinern. Schreiben Sie vier Wochen lang jeden Abend die Antworten zu den unten folgenden Fragen auf. Seien Sie dabei so ehrlich wie möglich.

- Gab es heute eine Situation, in der ich über meine eigenen Grenzen hinweggegangen bin, nur um meinem Partner, Kollegen oder Chef zu gefallen?

- Ist es mir gelungen, klar für meine Bedürfnisse einzustehen?
- Konnte ich meine Meinung vertreten, obwohl meine Gesprächspartner eine andere hatten?
- Habe ich meine körperliche Grenze überschritten, nur um etwas zu erreichen?
- Bin ich heute einer Diskussion aus dem Weg gegangen, als es darum ging, für meine eigenen Bedürfnisse oder meine Meinung einzustehen?

Bleiben Sie dran

Haben Sie gemerkt, wie oft Sie mithilfe der Achtsamkeit alte Muster schon verändert haben? Herzlichen Glückwunsch! Das ist schon wieder ein Schritt in Richtung Selbstbestimmung. Die folgenden Übungen aus dem Praxisteil werden Ihnen ebenfalls dabei helfen, in Ihre Mitte zu kommen. Sie stellen quasi ein Notfallprogramm dar. Je häufiger und regelmäßiger Sie diese Übungen durchführen, desto ausgeglichener werden Sie sein.

Übungsprogramm für Unsichere

Alltagsübungen

circa 20 Minuten täglich

- Den Atem beobachten (5 Min., Seite 40)
- Der Mini-Body-Check (5 Min., Seite 48)
- Der Berg (10 Min., Seite 75)

Ausführliche Übungen

circa 40 Minuten täglich

- Achtsamkeitsmeditation und Körperempfinden (20 Min., Seite 51)
- Achtsamkeitsmeditation und Gefühle (20 Min., Seite 60)

Belohnen Sie sich!

Gerade in stressigen Zeiten kann es passieren, dass Sie wieder über sich hinweggehen und Ihr Ziel aus den Augen verlieren. Werten Sie unachtsame Handlungen nicht als Scheitern, sondern als wertvolle Erfahrungen, aus denen Sie lernen können. Loben Sie sich selbst immer wieder, dass Sie die Achtsamkeit praktizieren.

Der/Die Traditionelle

Da Sie sich mit Veränderung schwertun, können die Achtsamkeitsübungen Sie darin unterstützen, viele neue Seiten an sich selbst und anderen Menschen zu erkennen, und im Laufe der Zeit sogar ein wenig Abenteuerlust in Ihnen entfachen. Nach und nach werden Sie Ihre Angst vor Veränderungen verlieren und erkennen, dass es im Leben nichts Beständigeres gibt als die Veränderung selbst. Dadurch öffnen Sie sich mehr und mehr für das Wunder des Augenblicks und erkennen, wie reich das Leben ist. Je mehr Sie sich auf die Achtsamkeit einlassen, desto eher wird Ihnen bewusst, dass jeder Moment einzigartig ist. Und Sie werden sehen, dass viele Ihrer Ängste unbegründet waren.

Das Achtsamkeitstagebuch

Das Tagebuch unterstützt Sie darin, sich immer mehr für die Einzigartigkeit des gegenwärtigen Augenblicks zu öffnen. Achten Sie darauf, dass Sie so viel Abwechslung wie möglich schaffen, wenn Sie in das Buch schreiben. Suchen Sie sich vielleicht jeden Abend einen anderen Platz, an dem Sie die Fragen beantworten. Das wird Ihre Sichtweise verändern. Versuchen Sie auch, offen und neugierig zu bleiben. Schreiben Sie vier Wochen lang jeden Abend Antworten zu den folgenden Fragen auf.

● Habe ich heute etwas Neues ausprobiert?

● Gab es eine Situation, in der ich mich getraut habe, Probleme anzusprechen?

● Habe ich von einer Gewohnheit gelassen, von der ich schon seit Längerem weiß, dass Sie mir nicht guttut?

● Habe ich mich heute von etwas Altem getrennt?

● Habe ich mich getraut, eine Übung umzuändern, dem entsprechend, was heute für mich möglich war (zum Beispiel statt 10 Minuten nur 5 Minuten zu üben)?

Übungsprogramm für Traditionelle

Alltagsübungen

circa 25 Minuten täglich

● Schritt für Schritt (5 Min., Seite 61)
● Viele gute Lehrer (10 Min., Seite 87)
● Bissen für Bissen genießen (10 Min., Seite 66)

Ausführliche Übungen

circa 40 Minuten täglich

● Achtsamkeitsmeditation und Gedanken (20 Min., Seite 57)
● Traditionelle Gehmeditation (10 Min., Seite 63)
● Sprechen Sie von sich (Seite 88)

Im alten Fahrwasser?

Um achtsam zu bleiben und uns nicht immer wieder vom Stress auffressen zu lassen, brauchen wir heitere Gelassenheit, Geduld und Zuversicht – Es dauert einfach seine Zeit, bis sich alte Denk- und Verhaltensmuster ändern und die neuen in Fleisch und Blut übergegangen sind. Sich dafür zu entscheiden, ein Leben in Achtsamkeit und Bewusstheit zu führen, bedeutet also auch zu akzeptieren, dass Sie nach dem vier- oder achtwöchigen Achtsamkeitsprogramm nicht automatisch für den Rest Ihres Lebens achtsam sein werden.

Achtsamkeit als Prozess

Inspiriert und motiviert durch die wohltuende Wirkung der einzelnen Übungen werden Sie wahrscheinlich am Anfang viele neue Einsichten und Erkenntnisse gewinnen, positive Veränderungen an sich selbst und an Ihrer Umwelt wahrnehmen und die Übungen voller Zuversicht und Freude durchführen. Sie werden sicher auch hier und da überrascht sein, wie achtsam Sie innerhalb von zwei, drei Wochen schon geworden sind. Wahrscheinlich geht es Ihnen körperlich, seelisch und geistig besser, und Sie fühlen sich schon recht wohl und ausgeglichen.

Wenn allerdings mehrere Wochen ins Land gegangen sind, kann es passieren, dass sich die Begeisterung für das Neue etwas legt. Bei all den Anforderungen, die das Leben an Sie stellt, finden Sie vielleicht plötzlich keine Zeit mehr, um die Übungen aus dem Programm täglich zu machen. Sie vergessen zu meditieren, sich achtsam zu duschen oder dem Partner aufmerksam zuzuhören, und irgendwann liegen Sie dann wieder müde auf dem Sofa und erkennen, dass Sie ins alte Fahrwasser geraten sind. Ihre innere Balance befindet sich in Schieflage. In diesem Moment können sich große Frustration und Enttäuschung einstellen und das

Gefühl, dass die Praxis der Achtsamkeit doch nicht Ihr Weg ist. Doch keine Sorge, ein solcher Prozess ist ganz normal und sogar ein wichtiger Teil des Wegs. Denn selbst buddhistische Meister wie Thich Nhat Hanh oder Jon Kabat-Zinn haben die Praxis der Achtsamkeit nicht innerhalb von ein paar Wochen verinnerlicht. Niemand verändert alte Denk- und Verhaltensmuster einfach im Handumdrehen.

Einfach dranbleiben

Unsere jahrzehntealten, eingefahrenen Denk- und Verhaltensmuster von heute auf morgen loszuwerden ist leider eine Wunschvorstellung, die nichts mit der Realität zu tun hat. Auch wenn manche modernen Ratgeber uns vorgaukeln wollen, dass wir alles sofort ändern können nach dem Motto »In fünf Tagen aus der Stressfalle«. Wenn Sie also merken, dass Sie Ihre Übungen vernachlässigt haben, dann fangen Sie einfach wieder an. Denn in dem Moment, in dem Sie wahrgenommen haben, dass Sie ein paar Tage oder eine Woche lang unachtsam waren, sind Sie schon wieder achtsam geworden. Dafür können Sie sich jedes Mal aufs Neue loben, statt sich Vorwürfe zu machen. Seien Sie freundlich zu sich und machen Sie sich bewusst, dass ein Rückfall in alte Verhaltensmuster kein Beinbruch ist. In unserer schnelllebigen Zeit ist es kein Wunder, dass Sie Ihr Ziel zwischendurch aus den Augen verlieren und sich wieder in der gesellschaftlichen Stressspirale verlieren. Mehrere Anläufe sind also ganz normal, um ans Ziel zu kommen. Vielleicht haben Sie sich überfordert und für den Anfang zu viel von sich verlangt? Werten Sie unachtsame Handlungen nicht als Scheitern, sondern als wertvolle Erfahrungen, die Sie zurück auf den achtsamen Weg bringen.

Stressfallen erkennen

Im Laufe der Zeit werden Sie ein Gespür dafür entwickeln, wann Sie unachtsam werden: Vielleicht immer zum Schulbeginn nach den Ferien oder zum Monatsende, wenn neben der täglichen Arbeit in der Firma zusätzliche Aufgaben anfallen, obwohl Sie eh schon nicht mehr wissen, wo Ihnen der Kopf steht. Der folgende Tipp kann Ihnen helfen, Stressfallen rechtzeitig zu erkennen und ihnen bewusst etwas entgegenzusetzen.

Geduld üben

Gelingt es Ihnen, Ihren Stress-Vorsorgeplan zu beherzigen, ist dies ein weiterer Schritt Richtung Achtsamkeit. Wenn Sie dennoch merken, dass Sie immer wieder in die Achtlosigkeit hineinstolpern, so ist dies kein Grund zur Sorge. Nehmen Sie einfach nur wahr, dass Sie unachtsam sind, und versuchen Sie daraus zu lernen. Identifizieren Sie sich

Tipp: Geplante Achtsamkeit

Lassen Sie die letzten 12 Monate Revue passieren und überprüfen Sie, wann genau der Stress jeweils am größten war. Überlegen Sie dann, ob sich diese Situationen in den nächsten 12 Monaten vermutlich wiederholen werden. Wenn Sie absehen können, dass besonders stressige Zeiten auf Sie zukommen, sollten Sie folgende Punkte beherzigen:

- Stehen Sie bewusst morgens 15 Minuten früher auf, um ganz achtsam zu duschen und zu frühstücken. Dann können Sie dem Stress schon viel gelassener begegnen.
- Programmieren Sie Ihren Timer so, dass er Sie dreimal am Tag daran erinnert, fünf Minuten innezuhalten und ruhig und achtsam ein- und auszuatmen.
- Heften Sie eine Notiz ans Telefon: Erst dreimal ein- und ausatmen, dann abheben.

nicht zu sehr mit den Gedanken und den Gefühlen, die in dem Moment aufsteigen, in dem Sie bemerken, dass Sie unachtsam waren. Vergegenwärtigen Sie sich Ihr Ziel – nämlich in Zukunft wieder achtsamer zu sein – und gehen Sie einfach weiter Ihren Weg. Am besten Schritt für Schritt. Ganz achtsam. Ohne Kommentar.

Bleiben Sie auf Kurs und gehen Sie Umwege

So paradox es klingen mag: Aber wenn Sie wieder das Gefühl haben, dass nichts geht und Ihnen die Zeit zwischen den Fingern zerrinnt, dann nehmen Sie sich ganz bewusst Zeit! In dem Moment, in dem Sie innehalten, werden Sie feststellen, wie hausgemacht unser Stress oft ist und wie viel Zeit uns am Ende doch bleibt. Oft viel mehr, als uns bewusst ist.

Zeitkiller ausschalten

Zeitkiller Nummer 1 ist mittlerweile das Internet geworden. Darin können wir uns geradezu verlieren. Meiden Sie also in besonders anstrengenden Zeiten subtile Zeitfresser wie Facebook, Xing, Google etc.

Tipp: Machen Sie einen Umweg

Gehen Sie an Tagen, an denen Sie das Gefühl haben, es vor Stress kaum auszuhalten, nicht mit Sieben-Meilen-Schritten ins Büro, sondern machen Sie ganz bewusst vom Parkplatz oder von der U-Bahn aus einen Extragang – Schritt für Schritt, am besten in Zeitlupe – um den Block. Auch wenn Ihr Verstand erst einmal kurz am Rädchen drehen wird, werden Sie nach nur wenigen Metern innerlich zur Ruhe kommen – und die Dinge im Büro mit etwas mehr gesundem Abstand angehen.

und versuchen Sie, Ihren Internet-
konsum auf eine halbe Stunde täglich zu reduzieren.

Nicht aufgeben!

Ein unachtsamer Moment, ein
unbewusster Tag oder eine hyper-
stressige Woche bedeuten nicht,
dass Sie nie zum Ziel kommen
werden. Blockieren Sie sich also
nicht mit negativen Glaubenssät-
zen wie: »Das schaffe ich sowieso
nicht!« oder »Diese Methode ist
nichts für mich!«. Denn spätestens
nach wenigen Wochen werden Sie
bei der nächsten Methode an genau
den gleichen Punkt kommen.
Begegnen Sie sich lieber mit Wertschätzung und ermutigen und
loben Sie sich. Seien Sie am besten
so großzügig mit sich selbst wie mit
einer guten Freundin, die gerade
versucht, die Praxis der Achtsamkeit in ihr Leben zu integrieren.

Wenn Sie das Gefühl haben, dass
jetzt nicht der richtige Zeitpunkt
ist, um ein vier- oder achtwöchiges
Programm durchzuhalten, dann
verurteilen Sie sich nicht, sondern
schaffen Sie sich einfach kleine
Inseln der Achtsamkeit. Jeden Tag
aufs Neue. So als wäre jeder Tag der
beste Tag, um mit der Praxis der
Achtsamkeit zu beginnen.
Im Laufe der Zeit werden Sie zu
Ihrem eigenen Rhythmus finden,
der Sie dabei unterstützt, kleine
Achtsamkeitsoasen zu kreieren und
Ihre Vorhaben auch umzusetzen.
Und wenn Sie dann irgendwann
das Gefühl haben, dass jetzt der
richtige Zeitpunkt ist, um sich
wirklich auf die Achtsamkeit ein-
zulassen, dann tun Sie es. Beginnen
Sie damit – wach, offen und neugierig. Jeden Tag aufs Neue. Ich
wünsche Ihnen ganz viel Freude
und Erfolg dabei!

> *»Heute ist der erste Tag vom Rest meines Lebens. Was soll ich damit anfangen?«* Ayya Khema

Bücher

Daiker, Ilona: Gelassen wie ein Buddha. Meditationen und Achtsamkeitsübungen für 52 Wochen. GRÄFE UND UNZER VERLAG

Iding, Doris: Alles ist Yoga. Weisheitsgeschichten aus dem Yoga. Schirner Verlag

Iding, Doris, Dürst, Markus: Ayurvedisch kochen mit den Jahreszeiten. AT Verlag

Kabat-Zinn, Jon: Die MBSR-Yogaübungen: Stressbewältigung durch Achtsamkeit. Arbor Verlag

Kabat-Zinn, Jon: Stressbewältigung durch die Praxis der Achtsamkeit. Audiobook. Arbor Verlag

Kornfield, Jack: »Frag den Buddha und geh den Weg des Herzens«. Kösel Verlag

Kornfield, Jack: Das Tor des Erwachens. Wie Erleuchtung das tägliche Leben verändert. Kösel Verlag

Kornfield, Jack: Das weise Herz. Arkana Verlag

Kornfield, Jack: Das innere Licht entdecken. Meditationen für schwierige Zeiten. Arkana Verlag

Mannschatz, Marie: Meditation. Mehr Klarheit und innere Ruhe. Übungsbuch mit CD. GRÄFE UND UNZER VERLAG

Salzberg, Sharon: Entdecke die Kraft der Meditation. Lotos Verlag

Adressen

Deutschland

MBSR-/MBCT-Verband
Muthesiusstr. 6, 12163 Berlin
Tel. 030 79701104
www.mbsr-verband.org

Haus der Stille e.V.
Mühlenweg 20, 21514 Roseburg
Tel. 04158 214
www.hausderstille.org

Waldhaus am Laacher See
Heimschule 1, 56645 Nickenich
Tel: 02636 3344
www.Buddhismus-im-Westen.de

Benediktushof, Zentrum für spirituelle Wege
Klosterstr. 10, 97292 Holzkirchen
Tel. 09369 98380
www.benediktushof-holzkirchen.de

Arbor Seminare GmbH
Zechenweg 4
79111 Freiburg
Tel: 0761 89629106
www.mbsr-deutschland.de

Seminarhaus Engl e.V.
Engl 1
84339 Unterdietfurt
Tel: 08728 616
www.seminarhaus-engl.de

die windschnur
Windschnur 6–12
83132 Pittenhart
Tel: 08624 891504
www.windschnur.de

Österreich

Buddhistisches Meditationszentrum Scheibbs
Ginselberg 12
3270 Scheibbs/Neustift
Tel. 07482 42412
www.bzs.at

Schweiz

Meditationszentrum Beatenberg
3803 Waldegg-Beatenberg
Tel: 0338 412131
www.karuna.ch

Stiftung Felsentor
Romiti/Rigi
6354 Vitznau
Tel. 041 3971776
www.felsentor.ch
Villa Unspunnen
3812 Wilderswil
Tel 033 8210444
www.villaunspunnen.ch

USA

Spirit Rock
(Jack Kornfield)
San Francisco
Tel: 001 415 4880164
www.spiritrock.org
PO Box 169
Woodacre, CA 94973

Übungsregister

Atemachtsamkeit

Dankbarkeit

Essen und trinken

Gedanken wahrnehmen

Gefühle wahrnehmen

Gehen in Achtsamkeit

Körperwahrnehmung

Kollegen

Partnerschaft

Standfestigkeit

Wertschätzung

Weiterlesen tut gut.

ISBN 978-3-8338-1370-2

ISBN 978-3-8338-1955-1

ISBN 978-3-8338-2156-1

ISBN 978-3-8338-2311-4

ISBN 978-3-8338-2120-2

ISBN 978-3-8338-1921-6

www.gu.de: Blättern Sie in unseren Büchern, entdecken Sie
wertvolle Hintergrundinformationen sowie unsere Neuerscheinungen.

Willkommen im Leben.

Impressum

© 2012 GRÄFE UND UNZER VERLAG GmbH, München

Alle Rechte vorbehalten. Nachdruck, auch auszugsweise, sowie Verbreitung durch Film, Funk, Fernsehen und Internet, durch fotomechanische Wiedergabe, Tonträger und Datenverarbeitungssysteme jeglicher Art nur mit schriftlicher Genehmigung des Verlags.

ISBN 978-3-8338-2582-8
1. Auflage 2012

Projektleitung:
Anja Schmidt

Lektorat:
Angela Hermann-Heene

Innenlayout, Typographie und Umschlaggestaltung:
independent Medien-Design, Horst Moser

Coverfoto: Alamy

Syndication:
www. jalag-syndication.de

Satz: Knipping Werbung GmbH, Berg/Starnberg

Herstellung:
Susanne Mühldorfer

Reproduktion:
Longo AG, Bozen

Druck: Printed in China

Ein Unternehmen der
GANSKE VERLAGSGRUPPE